暮らしの図鑑 布

楽しむ工夫
×
いま欲しい布210
×
基礎知識

私らしい、
モノ・コトの
見つけ方。

SE
SHOEISHA

はじめに

私たちの暮らしを形作る、さまざまなモノやコト。自分で選んだものは、日々をより豊かにしてくれます。

「暮らしの図鑑」シリーズは、本当にいいものを取り入れ、自分らしい暮らしを送りたい人に向けた本です。使い方のアイデアや、選ぶことが楽しくなる基礎知識をグラフィカルにまとめました。

お仕着せではない、私らしいモノ・コトの見つけ方のヒントが詰まった一冊です。

この本のテーマは「布」。一枚の布はそのままの状態で、また多様に形を変えて、衣食住のあらゆるシーンに登場します。やさしく、やわらかく、そして暖かく私たちを包む布について、紹介します。

PART 2

布選びが楽しくなる基礎知識

PART 3

いま欲しい布カタログ210

FLOWER

ANIMAL

PART 1

布をもっと楽しむ暮らし

布地として、衣服として、布巾やタオルとして。いつも暮らしに寄りそってくれる布。
布そのものや布製品の使い方や楽しみ方のアイデアを紹介します。

※ 掲載内容は2019年4月現在のものです。掲載されている情報やURL、商品の仕様などは予告なく変更される場合があります。

かける

キッチンの壁に
エプロンを

毎日使う道具は、見せながらしまうことで部屋のアクセントになります。

例えば、エプロン。毎日のように使うものだからこそ、キッチンの壁などにかけておくと、使い勝手もよくなります。

機能性だけで選ばず、自分の好きな生地や質感にしたり、部屋の雰囲気に合わせたりするとよいでしょう。使わないものもしまっておかずに、思い切ってかけておくと、雑貨などを飾るスペースがなくても、部屋にニュアンスが出ます。

P.14-17　監修・スタイリング＝みつまともこ　写真＝安井真喜子

質感や色味をそろえると、統一感が出ます。

あえてカラフルなものや変わった質感のタオルを選んでも。

やさしい質感のタオルをかける

どんな家でも、毎日使う布はタオルではないでしょうか。洗面所やキッチンなど、複数の場所にタオルがあります。

タオルハンガーにかけるのもいいけど、S字フックなどにラフにかけておくのもおすすめです。タオル地ならではのやわらかな質感に立体感が加わります。

お気に入りのタオルなら、なおさら。毎日目にして使うものだからこそ、置き方にひと工夫。

かける

ソファーにお気に入りの布をかけて季節感を演出。

小さめの布はふわっとかけるのがおすすめです。

インテリアにかけて楽しむ

大きな家具はなかなか印象が変えられないもの。そんなときは、布をかけてみましょう。ソファー全体を覆うサイズでなくても大丈夫。スローケットやブランケットを使います。

敷くようにかけるときは、ソファーのサイズに合わせて端を折るとすっきりして見えます。

インテリアだけでなく、お出かけの際も布をかごにかけて目隠しとアクセントに。

かける

ハンカチを当て布として使う

ハンカチは手を拭くだけでなく、アイロンの当て布として使うのがおすすめ。ハンカチ自体にもアイロンをかけることができて、一石二鳥です。当て布を使うことで、温度調節ができて生地のテカリ防止にも。

当て布として使うときは、まず、アイロンをハンカチの素材である綿や麻に適した温度にし、ハンカチにアイロンをかけます。その後、当て布として使います。古くなったハンカチを使ってもよいでしょう。

協力＝「ハンカチ百科」https://htokyo.com/handkerchief_hyakka

重めのアイロンだと、自重に任せてスイスイかけられます。

リネンウォーターがあると、自然な香りを楽しめます。

飾る

大胆な柄も使いやすくなる

北欧ブランドのファブリックは大胆な柄と鮮やかな色彩が魅力。自分の好きな生地とサイズで作れるファブリックパネルはインテリアアイテムの定番ですね。タペストリーパイプを付けて、タペストリーにしても。

部屋のインテリアやほかの布小物とコーディネートすると、さらに素敵に。

インパクトが大きく、カーテンなどでは選びにくかった柄も、気軽に暮らしへ取り入れることができますね。

広い部屋なら、パネルのサイズも大きくして。

淡い色合いの生地なら、どんな部屋にもなじみやすいですね。

ビビッドカラーの布地も思い切って使ってみましょう。

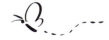

飾る

小さな小物を置いてみる

サイズの大きいものを飾るのはちょっとハードルが高いという方は、小さなインテリアや小物で布を使ってみましょう。

手軽なのは、クッションや照明のシェード。クッションは部屋を飾るのに一番気軽なアイテムですね。実用性もあり、カバーを季節や気分で替えることもできます。和室なら座布団でも。

シェードはテーブルライトがおすすめです。クッションと色や柄を合わせてもよいでしょう。

サイズの小さいテーブルライトから取り入れてみましょう。

鮮やかな色を選べば、部屋が明るくなりますね。

飾る

お気に入りのクロスやハンカチをアートフレームに入れて。

どんな布でも飾って楽しむ

ヴィンテージショップで買ったクロス類やかわいいハンカチなどは、フレームに入れて飾ってみましょう。大切なものだからこそ、しまっておくのはもったいない。部屋にお気に入りの布があると、眺めるたびに気持ちが晴れやかになります。

なかなか捨てられない端切れも、フォトフレームに入れて。グラフィカルなデザインの北欧テキスタイルなら、部屋の雰囲気がパッと明るくなります。2種類の柄を組み合わせてもいいですね。

P.24-27　監修・スタイリング＝みつまともこ　写真＝安井真喜子

飾る

飾り棚のディスプレイに布を取り入れて。ブランケットやストールを飾るのもおすすめ。

質感と柄で季節感を出す

飾り棚や本棚、サイドボードの上などには、よく雑貨を飾りますよね。

そこへ布製品をプラスしてみましょう。ブランケットやストールでも大丈夫。冬ならモコモコ、ふわふわしたものにするだけで、簡単に季節感を出すことができます。

ぬいぐるみなどの布製品でもいいですし、ハンカチやスカーフを小物の下に敷いても。

キッチンクロスも畳んで重ねて、見せる収納。赤や青を入れてワンポイントに。

敷く

布をつないで重ねた手仕事

薄い布を何枚も重ねて刺し子を施した「ラリーキルト」。インドやパキスタン、バングラデシュに見られる手仕事です。「ラリー」とは「つなぐ、混ぜる」という意味。

古くなったサリーを使うこともあり、リサイクルサリーやカンタとも呼ばれています。等間隔にきれいに並んだ針目も、不ぞろいの針目もまたぬくもりがあって愛おしくなります。

ヴィンテージのラリーキルトを敷けば、作り手がひと針ひと針縫った温かさと、長い時間も感じさせます。

華やかなものから渋めのものまで、色や柄の種類もたくさん。

インド西ベンガル州の村で、ラリーキルトを洗って干している様子。

敷く

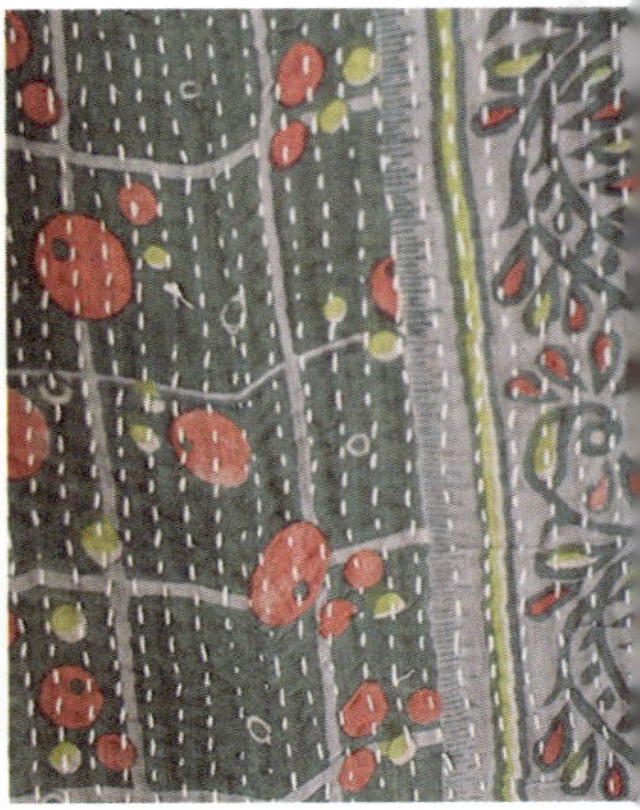

敷く

日常の食卓が華やかになる

テーブルクロスやテーブルランナー（テーブルセンターとも）を使うのは、特別なときだけと思っていませんか？

何でもない日でも、テーブルクロスを使ってみましょう。専用のものでなくても、買ってきた生地を敷いてもいいんです。旅先で買ったものや思い入れのあるものを使うと、毎日の食卓がちょっと特別なものになります。

明るい色や柄のあるものを使うと、それだけで華やかな印象に。

ナチュラルカラーのテーブルランナーに、カッティングボードを合わせて。

思い出の品を暮らしに取り入れると、使うたびに旅の思い出がよみがえります。

P.32-33　監修・スタイリング＝みつまともこ　写真＝安井真喜子

包む

日常で楽しむ風呂敷使い

ものを包むことは、古来より行われてきた習慣です。昔は、商いをするときに品物を運搬する、旅の荷造りに使うなどさまざまなシーンで使われてきたのが風呂敷。

ついビニール袋や紙袋を使ってしまいますが、風呂敷は畳めばコンパクトになり、包み方や結び方次第で柔軟にものを包むことができます。

まずは、日常のなかで、風呂敷を使ってみませんか。伝統的で古臭いものとイメージしがちですが、今では柄や素材も多彩。使う場面に合わせて選びましょう。

丈夫でやわらかいデニム製は、クッションカバーにしても。

ポーチ代わりに鍵やスマホなどを包んで、バッグの中を整理します。

包む

おめでたい、縁起のいい柄なら、年賀や贈り物にぴったり。

1枚に複数の柄が描かれていて、包んで開けて2度楽しい。

包むものは、風呂敷の対角線の約1/3の大きさが目安です。

風呂敷で
ハレの日を包む

ハレの日にはちょっと特別な風呂敷を使って、華やかさを演出してみましょう。

日本人にとって、紅白はお祝い事を連想させる特別な色。紅白の風呂敷でお祝いの品を包んで贈ります。

そのほか、おめでたい吉祥文様が入っているものや、縁起物モチーフなどでもいいですね。

贈る相手のことを考えながら、色や柄を選び、包む。その時間と過程も楽しみましょう。

包む

ハンカチで包んで そのまま贈り物に

ハンカチや手ぬぐい、端切れをラッピングに使います。そのままプレゼントできるよう、相手の好みに合わせて布の柄や色を選ぶのも楽しい。もらったほうも、捨てずに使えるのでうれしいですね。

布ならではのやわらかい風合いや布目の質感が、暖かさを加えてくれます。コードや飾り付きのヘアゴムで留めて。布端を結ぶと立体感が出て、リボンがなくてもかわいくなります。

P.38-39　監修・スタイリング＝みつまともこ　写真＝安井真喜子

布バッグを クッションカバーに

気付くとたくさん集まってしまうのが、エコバッグやブックトートなどの布製のバッグ。たまには、クッションカバーとして使ってみましょう。クッションを中に入れるだけ。クッションカバーを何枚も買わなくても、気軽にカバーを替えることができます。

中に入れるクッションは、バッグより少し大きめのものを選ぶときれいに仕上がります。クッションをバッグに入れたら、表と裏を決めます。裏側に持ち手と余った部分を折り込み、形を整えて完成です。

包む

ランチタイムを楽しく過ごす

手を拭く以外でハンカチが一番使われているのは、お弁当を包むこと。お弁当包みに使うなら、サイズは大きめがおすすめです。どんなお弁当箱でも包んでくれます。素材は地の厚いしっかりしたものだと、万一、水気がお弁当箱からこぼれた際も安心。お気に入りの柄で包んで、昼食時にテーブルクロス代わりに使えば、ランチタイムが楽しくなります。

明日はどの柄のハンカチにしようかな？

協力＝「ハンカチ百科」https://htokyo.com/handkerchief_hyakka

包む際は角を対角線上に重ねて結んでシンプルに。きれいに結ぶと気持ちいい。

包んだ布をテーブルクロスやランチョンマットの代わりに使って。

裏表の柄があるダブルガーゼのハンカチなら、包みを開ける楽しさがあります。

包む

好みのスカーフをティッシュカバーに

もし使っていないスカーフがあれば、ちょっと別の使い方をしてみましょう。

ボックスティッシュを包んで、ティッシュカバーに。気に入っているけど、身に着けるのは難しい柄物などはインテリアとして部屋に置けば、部屋が華やかになります。

広げたスカーフを折って結ぶだけなので、手軽に替えることができます。

ただし、シルクは伸びやすく引っかかりやすいので、力を入れて引っ張らないようにしましょう。

協力＝大池那月

1 スカーフを広げ、中央にボックスティッシュを置きます。

2 スカーフの前側と後ろ側をボックスの縁まで折ります。

3 ティッシュの取り出し口に合わせて前側と後ろ側を折ります。

4 左右の端を軽く結び、形を整えます。

5 左右の端をもう1回ずつ結んで形を整えて完成です。

拭く

手を拭くのに適したハンカチとは

毎日何気なく使っているハンカチ。手を拭くのに適した素材や機能があります。

ひとつ目は、吸水性。水分を吸い取る量と速さがポイントです。吸水性は糸の品質や番手、撚りの回数などさまざまな要因によって変わりますが、ハンカチを持ったときに、生地に張りがあるかどうか。張りがあると、生地がしっかり織られていて、糸もその分たくさん使っているということ。

P.44-47　協力＝「ハンカチ百科」 https://htokyo.com/handkerchief_hyakka

また、厚さやサイズも大切。ダブルガーゼは、その名の通りガーゼが2重になっているため厚みがあり、しっかり拭くことができます。
大きいハンカチも、大きいほど拭ける面積が増えます。
ただし、大きいものや厚みのあるものは、ポケットの中でかさばってしまいます。服装によっては注意しましょう。
暑い季節や、汗かきの人、手を拭く機会の多い人は、薄めのものを2枚持ち歩くのもおすすめです。

拭く

夏以外の季節も リネンを持つ

最も身近なハンカチの素材は綿ですが、実は一番のおすすめは麻（リネン）。綿（コットン）の4倍ともいわれる吸水性のよさで、乾きも早い素材です。ただし、お値段的には綿より高めで、シワになりやすいという特性も。

独特のシャリシャリした触り心地は好みもありますが、使い込んだ麻のやわらかさは心地いいもの。ハンカチとしては季節を問わず使うことができます。

西欧では花嫁道具にもされています。結婚式には白い麻で。

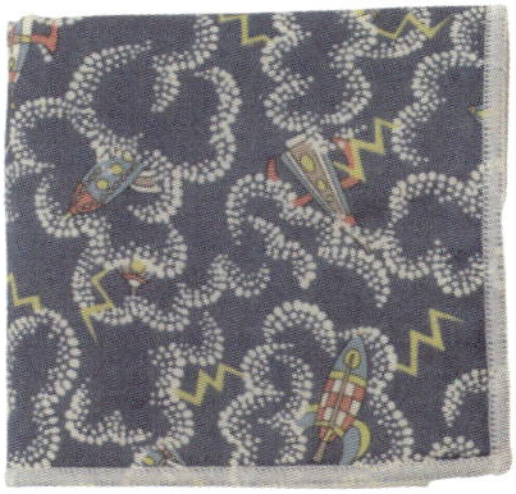

リネン以外でおすすめなのが、子ども用ハンカチ。小さめなのでかさばらず邪魔になりません。

拭く

手になじむ キッチンクロス

実用的な布こそ、こだわりたいもの。毎日触れるものだから、肌になじむ心地よいものを選びたいですね。

麻のキッチンクロスは、丈夫で長持ち。乾きやすいからこそ、雑菌が繊維の中に残りにくいという特徴もあります。

毛足が短いので、食器を拭くのにぴったり。グラスを拭く際もきれいに拭き上がります。

洗濯機で洗ったら、シワを伸ばすように引っ張って干すときれいに乾きます。濃い色のものを買ったら、初めは色落ちに気を付けましょう。

P.48-51　監修・スタイリング＝みつまともこ　写真＝安井真喜子

乾きやすく毛羽立ちの少ない手ぬぐいもキッチンで使いたい布。食器を拭くのではなく、手拭き布として使っています。

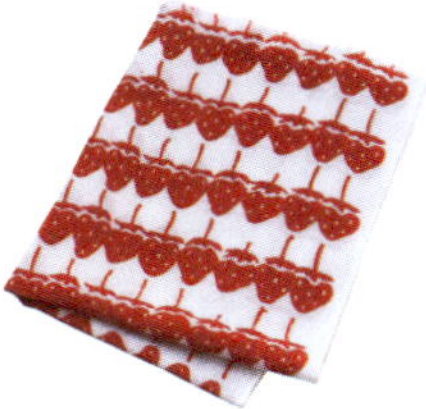

伝統柄からモダンなものまで、お店によってさまざまな柄があるのもうれしい。

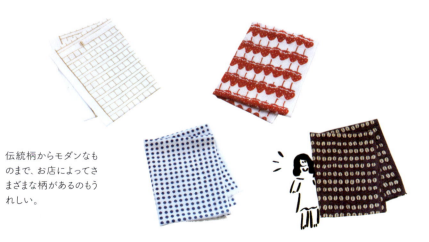

拭く

古い布を切って
ダスターに

Tシャツやキッチンクロスなど、使い古した布は使いやすい大きさにカットしてダスターにしましょう。ガラスジャーなどの容器に入れておけば、カラフルで見た目もかわいく、さっと取り出して使えて便利です。濡れたところやコンロの油汚れにも。

お気に入りのクロスだからこそ、最後まで余すことなく使い切りたいですね。キッチンペーパーなど、使い捨てのものを使う機会も減ってエコにもなります。

毎日使うタオルは風合いも楽しんで。ワッフルタオルなら見た目もかわいくて、手を拭くのが楽しみになります。

縫う

三角形の布を組み合わせて

2枚の布地に薄い綿を入れて縫い合わせたキルト。歴史も古く、女性の手仕事として世界中で作られてきました。技法も多様ですが、日本で親しまれてきたのは小さな布を縫い合わせたパッチワークキルト。

2人のデザイナーによるユニット「SANKAKU QUILT（サンカクキルト）」は、三角形に切った布をつないで、ポップで現代の暮らしに溶け込むようなキルトを手がけています。

三角形を組み合わせて、さまざまな形を作り出します。

三角に切った布を組
み合わせて、ちくちく縫
っていきます。

縫う

お気に入りの柄と色を
組み合わせて、作って
みましょう。

カラフルな布を三角
形に切って作るのが
SANKAKU QUILT。

布をたくさんつなげて、
大きな作品を作っても
いいですね。

ワークショップで参加者さんが作ったバッグ。
作った人の個性が出ます。縫い合わせたら、
市販のエコバッグに付けるだけでかわいい。

縫う

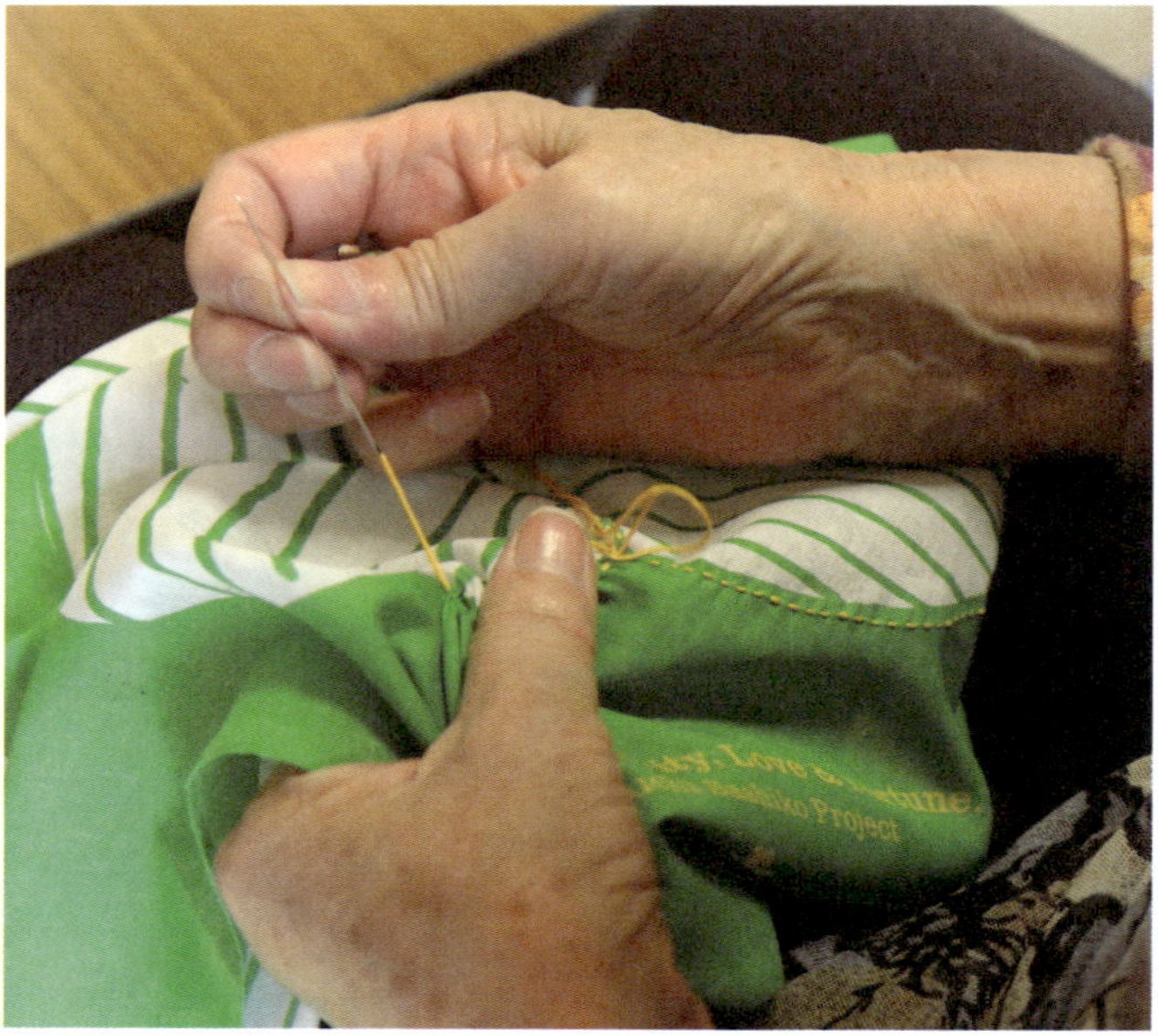

「刺し子」で地域を元気にする

「刺し子」は伝統的な針仕事のひとつで、布を綴《つづ》り縫いや刺し縫いにしたもの。布を繰り返し補修して、長く大切に使うために、日本の暮らしのなかで発展してきました。厳しい寒さをしのぐために、東北地方では何枚も布を重ねたものが広まりました。

「大槌《おおつち》復興刺し子プロジェクト」は、岩手県三陸地方の小さな町、大槌町の避難所で始まりました。復興に向かって地域を元気にするため、女性たちが生き生きと働くための取り組みです。

町のシンボル「蓬莱《ほうらい》島」は、ひょうたん形の島で、『ひょっこりひょうたん島』のモデルになったといわれています。

蓬莱島をモチーフにしたマルチクロス。刺し子でひょうたんが描かれています。

P.56-59　協力＝大槌復興刺し子プロジェクト

縫う

photo by t.koshiba

刺し子さんの針道具。支援物資としていただいたものを大切に今も使っています。

「手しごと」のやさしさと豊かさ

プロジェクトが始まったのは、2011年6月。仕事を失ったお母さんや働き盛りの若い女性、避難所で一日中横になっていたおばあちゃんが、復興への願いを込めてひと針ずつ刺していきます。

心を込めてひと針ひと針「手で刺す」こと。情報があふれ、スピードや効率が優先される時代だからこそ、「手しごと」が私たちの暮らしにもたらすやさしさや豊かさを伝える商品を作り出しています。

完成した商品だけでなく、ふきんのキットも。キットを買って刺し子を楽しんだり、お手持ちの布製品に刺し子をしたりして、手仕事の温かさを感じてみましょう。

刺し子の模様。左から、「変わり花十字」「米刺し」、右端はオリジナルの模様。

伝統柄などを刺したくるみボタンは人気のアイテムです。

毎日の生活で使いやすいポーチは模様やサイズもいろいろ。

巻く

私らしさを演出するストール

ストールは冬のものという印象が強いものですが、素材を変えれば一年を通して使うことができます。色や柄にもよりますが、綿素材のものは一年の大半使うことができますし、夏は麻素材で涼やかな気分に。

さっと巻くだけで、いつもの洋服にアクセントを加えることができますし、お気に入りのストールは気分を華やかにしてくれます。難しい巻き方ではなく、毎日簡単にできるような巻き方を覚えておくと便利です。

P.60-73　協力＝大池那月

覚えておくと便利な

ストール＆スカーフの巻き方辞典

ストールの巻き方 1

1 横長のストールを広げ、右上の角を持ち、角が真ん中に来るように畳みます。

2 両端を持って前から肩にかけ、首の後ろで結びます。

3 横にずらして整えます。

ストールの巻き方 2

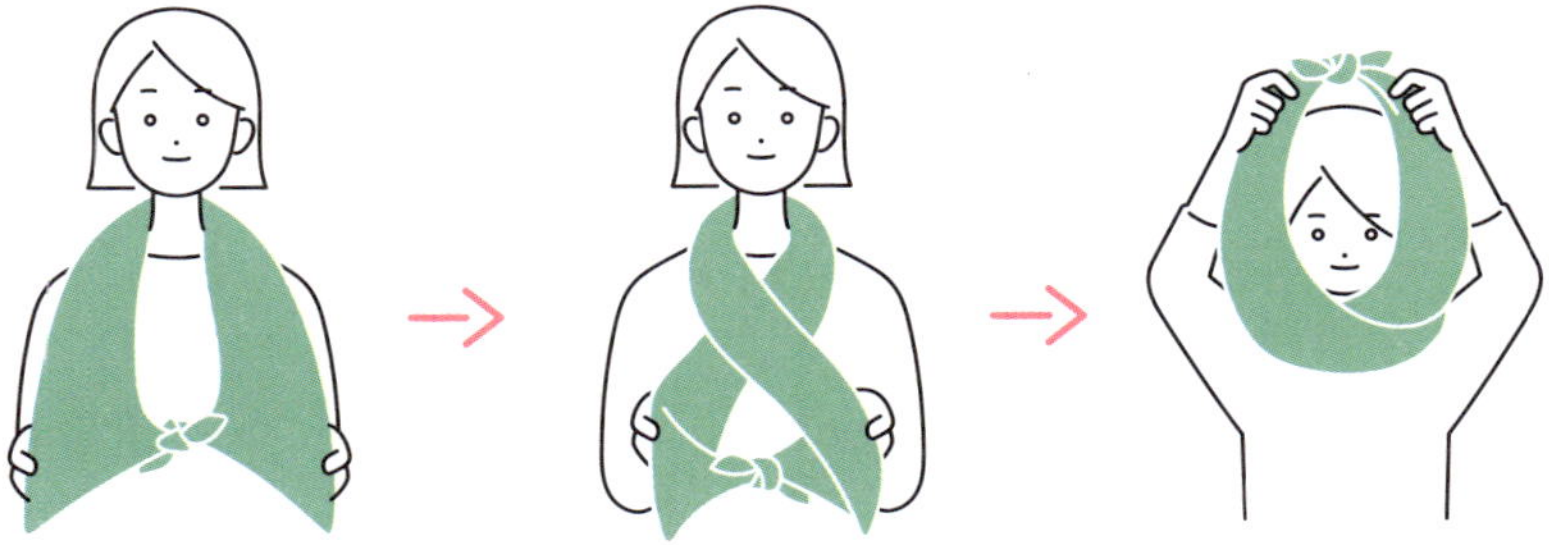

1 ストールを首にかけ、内側の2つの角を2回固結びします。

2 1でできた輪をねじって8の字を作ります。

3 かぶるように結び目を首の後ろに持っていき、形を整えます。

ウールの厚手ストールを使うと形がきれいに出る巻き方です。

ストールの巻き方

3

1 ストールを前から首にかけ、一周させます。

2 右端を巻いた輪の内側から少し引き出します。

3 2で引き出した輪に、左端を通します。

4 形を整えます。ミラノ巻きと呼ばれることもある巻き方です。

ストールの巻き方
4

1 ストールを前から首にかけ、一周させます。

2 首の前で、両端を緩く結びます。

3 形を整えます。ニューヨーク巻きと呼ばれることもあります。

巻く

1 スカーフの表面を下にして広げます。

2 上下の角を中心に合わせて、それぞれ半分に折ります。

基本のバイアス折り

スカーフやバンダナを首に巻くとき、知っておくと便利なコツがあります。それが「バイアス折り」。バイアスには斜めとか偏りという意味があり、織り目に対して斜めに折り畳むので、そう呼ばれています。

ストールを巻くときにも使えるので、ぜひ覚えておきましょう。

バイアス折り以外では、対角線上で半分に折って三角形にする折り方や、蛇腹に折るプリーツ折りなどもあります。

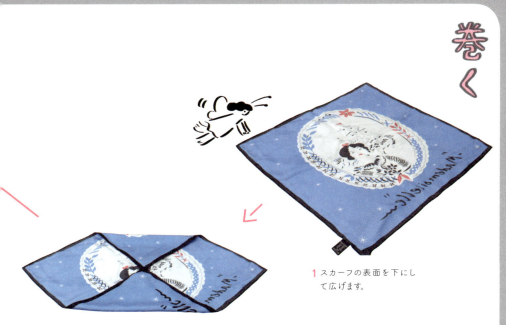

3 上側をさらに半分に折り、下側も同様に
折ります。

4 上側をさらに半分に折り、下側も同様に
折ります。

完成。スカーフのサイズが違
っても折り方は同じです。

スカーフの巻き方
1

1 バイアス折りにしたスカーフの片端を1回固結びします。

2 首にかけ、1の結び目にもう片方の端を上から通します。

3 片端を引き出し、両端の長さをそろえて形を整えます。

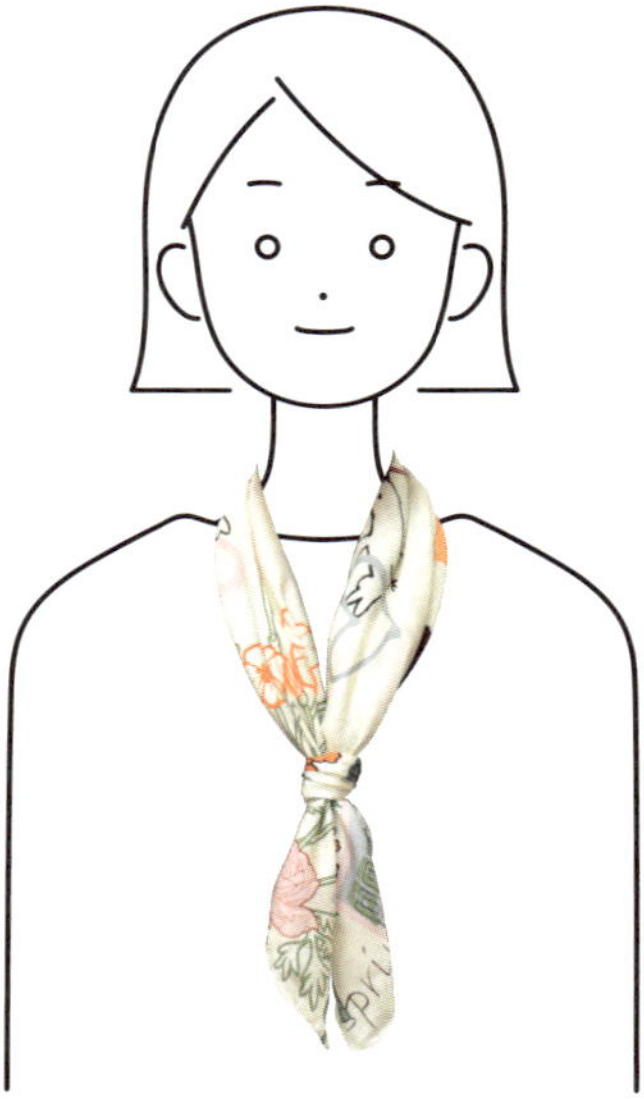

スカーフで首元のアクセントに

ちょっと首元がさみしいときや、肌寒いときはスカーフやハンカチを巻いて。無地のトップスに合わせれば、アクセサリーのように楽しむことができます。サイズは約40～50cm四方の小さめのものと、約90～100cm四方の大きめのものがあると幅広く使えます。

スカーフの巻き方

2

1 バイアス折りにしたスカーフの片端を1回固結びします。

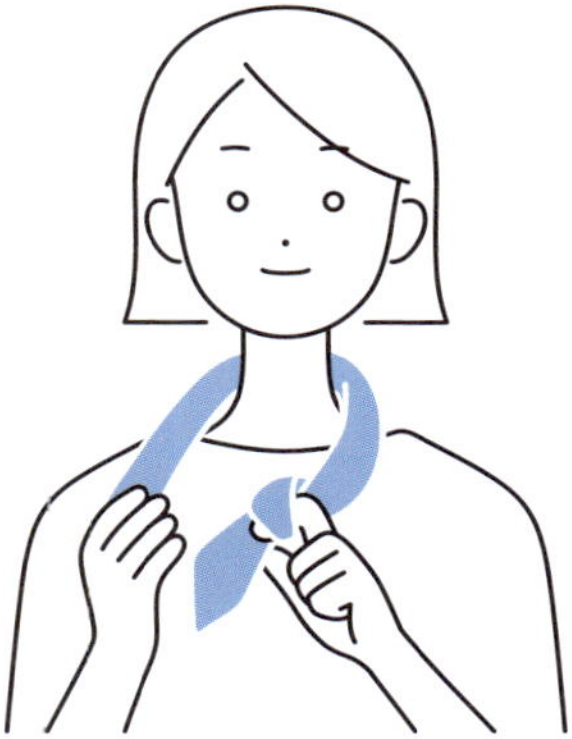

2 首にかけ、1の結び目にもう片方の端を下から通します。

3 片端を引き出し、両端の長さをそろえて形を整えます。

スカーフの巻き方

3

1 バイアス折りにしたスカーフを首にかけ、2回固結びします。

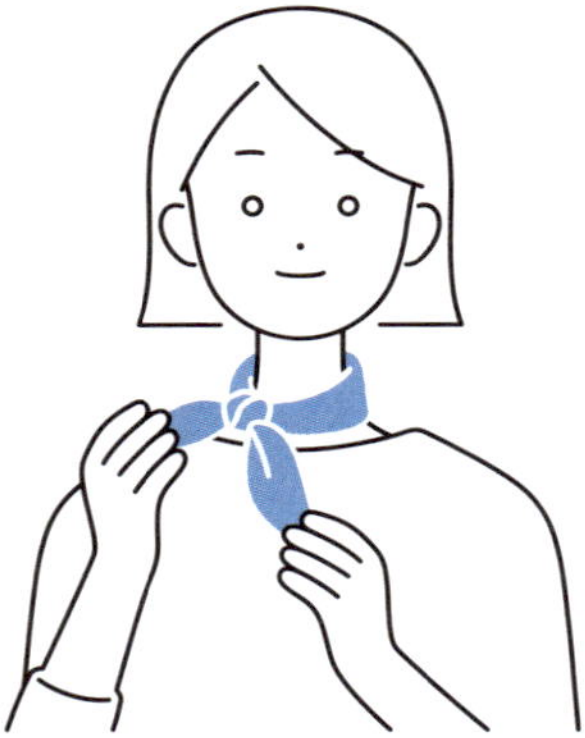

2 結び目を首の後ろにずらし、チョーカーのように使います。

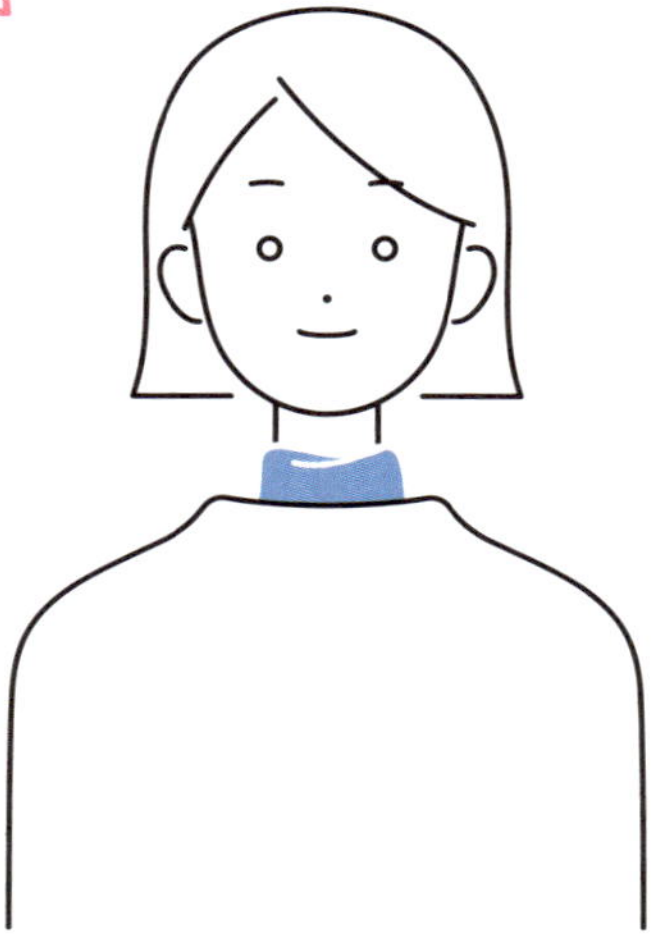

モックネックのトップスを合わせると、柄が少し見えて◎。

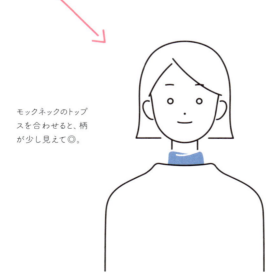

スカーフの巻き方

4

1 バイアス折りにしたスカーフを前から首にかけ一周させます。

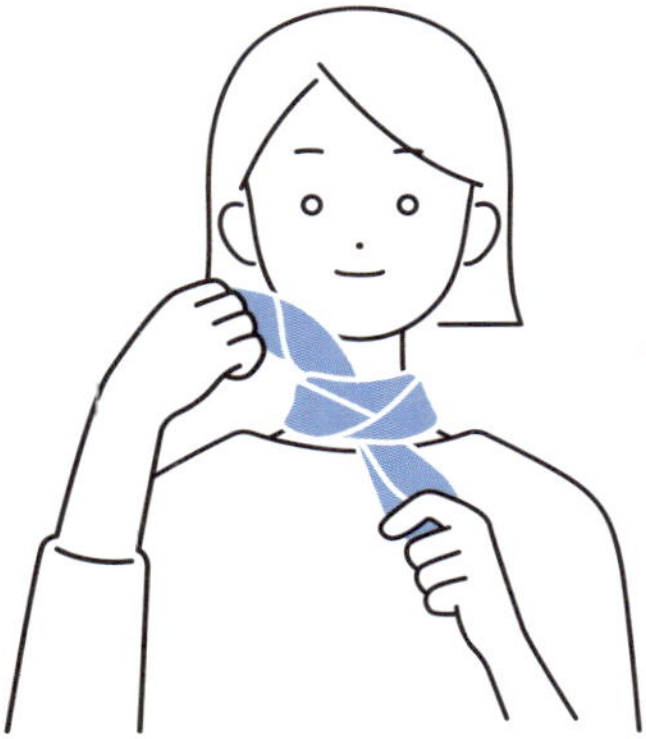

2 両端を1回結び片端を首に巻いたスカーフに下から通します。

3 通した片端を引き出し、両端の長さを整えます。

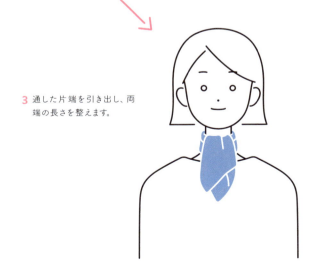

スカーフの巻き方

5

1 スカーフを三角に折り、輪になる部分を少し内側に折ります。

2 1を前から首にかけ、一周させます。

3 スカーフの三角部分の下側で両端を結びます。

4 結び目を三角部分で隠し、形を整えます。結び目が見えるようにしてもOK。

結ぶ

バイアス折りにして
手首に巻くだけでも
かわいい。

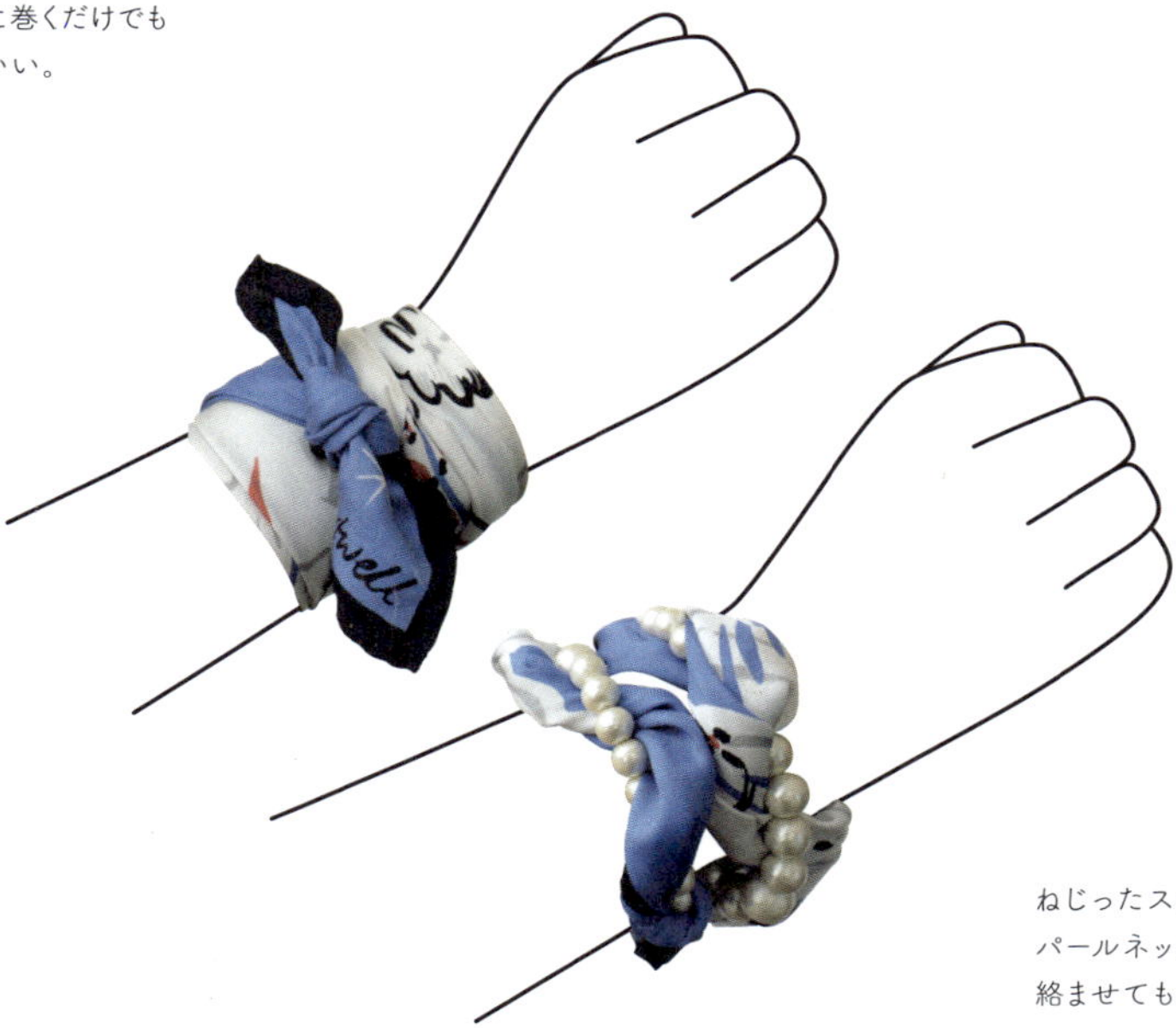

ねじったスカーフを
パールネックレスに
絡ませても。

アクセサリー感覚で使う

お気に入りのスカーフは常に身に着けていたいものです。そんなときは、ネックレスやブレスレットのように使ってみましょう。

スカーフやハンカチだけでもよいですし、ネックレスやベルトと組み合わせて使っても。バイアス折りにしたスカーフをターバンのように巻いたり、帽子にリボンの代わりに結んだり、ベルト代わりに使うのも楽しいですね。

使い方に決まりはありません。自分の好みに合わせて使ってみましょう。

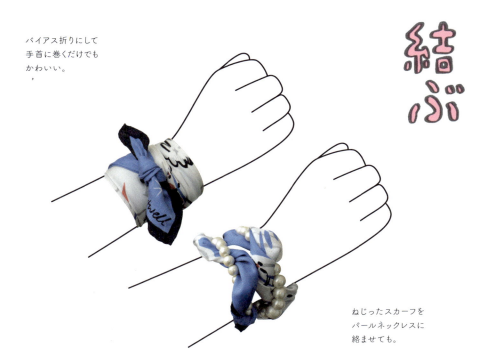

結ぶ

手持ちのバッグがスカーフで変身

バイアスに折ったスカーフは万能。

バッグにさっと結べばアクセントになります。小さめサイズのスカーフを使えば、さりげなく使うことができます。柄物の洋服はあまり着ないけど、服装全体にポイントがほしいときにおすすめ。

季節によって素材や柄を変えれば、手軽に季節感を出すこともできますね。

ただし、シルク製はシワになりやすく、引っかかって生地がつれやすいので注意。引っかかりそうな素材のバッグに付けるのは避けましょう。

1 バイアス折りにしたスカーフの片端を持ち手に結びます。

2 加減に気をつけながら持ち手にスカーフを巻きつけます。

3 すべて巻いたら、端を持ち手に結んで、形を整えます。

バイアス折りにしたスカーフをさっと結ぶだけでも。

結ぶ

思い出のある端切れを結んで

好きな柄の端切れは、どんなに小さくてもなかなか捨てられないものです。ついついとっておいてしまった経験が誰でもあるはず。

自分や子どものぬいぐるみや花束に、リボンの代わりに結んでみましょう。柄や質感で季節感を出すこともできます。

ぬいぐるみの質感や色に合わせて布を選びます。子どもの場合は、通園セットなどを作った布の余りを使うと、思い出がよみがえって、より愛着を持つことができます。

P.74-75　監修・スタイリング＝みつまともこ　写真＝安井真喜子

ドライフラワーのスワッグは茎を輪ゴムで留めて結びます。

生花の花束も家にある端切れでかわいくラッピングして。

持つ

肌になじむ リネンバッグ

リネンは、古代から親しみのある生地として普及してきました。

リトアニア産のリネンを使って作られた、触れるほど愛着が湧くようなバッグ。青や黄、ピンク、緑など、気持ちを明るくしてくれるような美しい色合いです。

一度水に通してあるためやわらかく、使い始めから肌になじみます。丈夫で長く使えて、家庭で洗えるので、毎日の暮らしのなかで気軽に持つことができます。

心地よい生地の質感自体を楽しむバッグです。

明るいストライプ柄と持ち手の黄色がかわいいリバーシブルバッグ。

浅めで中のものが取り出しやすいサイズ。ワンマイルバッグに。リバーシブルタイプ。

日常のコーディネートの主役として持ちたいチェック柄。リバーシブルバッグだから、持ち手と同じ鮮やかな無地のカラー生地も楽しめます。

ビタミンカラーがポイント。畳んでカバンにしのばせても。

持つ

風呂敷を持つ

風呂敷の活用法は十人十色です。1枚の布は、包むものに合わせて多様に形を変えることができます。

風呂敷自体をバッグにする包み方もありますが、まずは普段使っているバッグに組み合わせて取り入れてみましょう。

かごバッグを外側から風呂敷で包んで、2つの角をそれぞれの持ち手部分で結びます。風呂敷をカバーにして、いつものバッグをアレンジ。撥水《はっすい》性のある素材の風呂敷を使えば、雨の日でも気になりません。

かごの中に敷いて角だけ結べば中身の目隠しにもなります。

折り畳み傘を風呂敷で巻くように包んだら、バッグの外付けに。

スーパーのカゴに敷いてから品物を入れて隣同士の角を結べば、即エコバッグのでき上がり。

旅行のサブバッグとして。キャリーバッグの上に結び付ければ持ち運びもラクに。

PART 2

布選びが楽しくなる基礎知識

素材や織り・染めの技法、布の種類など、知っておきたい、知ると便利な布の基本。

布の種類

ひと口に布といっても、製法によっていくつかの種類に分けられます。

織物は、生地を織る前の糸を染めたもので、これを「先《さき》染《ぞ》め」といいます。

また、完成した生地に刺しゅうなどを加えたものを「加《か》飾《しょく》」ということもあります。

織物

糸を縦と横に組み合わせて作った布。通常は織機で作られ、糸の素材や種類・通し方・太さによって布地の特徴が決まります。素材には綿・絹・毛・化繊などを使用。国や地域によって、伝統的な織りが多数存在します。

染物

化学染料や天然染料（植物の葉・根・茎・実など）を使って染めた布。天然染料は材料を煮出すなどの手間がかかりますが、自然な風合いになります。布地を織ってから染めるので「後《あと》染《ぞ》め」といわれます。

編物

棒や針を使い、糸・毛糸・ひもなどで連続した編み目を作ることで完成させます。レースも編み物のひとつ。保湿性が高い半面で通気性も高く、伸縮性に優れています。セーターや帽子、マフラーなどに用いられています。

その他

織りも編みもしない布を総称して「不《ふ》織《しょく》布《ふ》」といいます。接着剤や熱処理によって繊維自体をシート状に付け合わせたもので、よく知られているのがフェルトやフリース。弾力性・通気性が高く、ほつれやシワになりにくいのが特徴です。

布の素材

ここでは主な布の素材について紹介します。布の質感や肌触り、特性などは素材によって異なります。

天然繊維

化学的な加工をしていないもので、原料によって植物繊維、動物繊維、鉱物繊維に分けられます。植物繊維には植物から取り出した木綿（コットン）や麻（リネン）などがあります。日本では麻が古くから使われてきました。今では一般的な綿が普及したのは、実は江戸時代。麻に代わって庶民の暮らしに用いられるようになりました。

動物繊維はヒツジやヤギ、ウサギ、ラクダなど動物の毛を使うものと、カイコの繭から紡ぐ絹（シルク）の2種類。

鉱物繊維には石綿（アスベスト）があります。

化学繊維

人工的に作られたもの。レーヨンやキュプラなどの再生繊維、アセテートなどの半合成繊維、ナイロン、ポリエステルなどの合成繊維があります。

再生繊維はセルロースなどの天然繊維を原料にして作られるのに対して、半合成繊維は天然物質を化学的に変化させて作られます。合成繊維は石油や石炭を使って作られます。最近はサツマイモなどが原料のバイオベース繊維も増えています。

混紡

天然繊維や化学繊維をミックスしたもの。ひとつの繊維にはない風合いや機能を生み出すことができます。

綿とポリエステル、毛（ウール）とアクリルなどの組み合わせがあり、それぞれの割合はパーセンテージで品質表示タグなどに明記されています。なお、天然繊維同士の混紡は技術的に難しいとされ、種類も限られています。

天然繊維の種類

綿〈コットン〉

木綿とも。綿花の種子の周りにある繊維から糸を作ります。日本では朝鮮や中国から長く輸入されていましたが、桃山時代に生産が発達し、江戸時代には庶民の衣類素材の主役になりました。吸水性や染色性、耐熱性が高く、洗濯にも強いのが特徴。水分を含むと、より丈夫になります。

麻〈リネン〉

苧麻《ちょま》、亜麻《あま》などの内皮の繊維から作られます。海外では亜麻から作られるものをリネン、苧麻から作られるものをラミーといいますが、日本ではどちらも麻とされています。通気性が高く、ひんやり、しゃりっとした独特の質感で、夏向きの衣類によく使われます。非常に耐久性が高いのですが、水洗いすると縮み・シワ・色落ちしやすいのが難点。

絹〈シルク〉

カイコが作った繭を煮てほぐしたあと、細い糸を引き出して紡いだものが生糸と呼ばれるものです。光沢があり、均一な細さで上質。

一方、穴が空いたりした繭を煮てほぐして真綿《まわた》を作り、それを紡いだものが紬糸《つむぎいと》です。太い糸で節《ふし》がありますが、高い保温性があります。

絹は軽い、やわらかい、丈夫、保湿性と吸湿性が高いなどメリットは数多いのですが、水や熱に弱いのが玉にキズ。日本で生産される唯一の天然動物繊維です。

毛〈ウール〉

カシミヤやキャメルなども「毛」と表示されることが多いですが、「ウール」といえば羊毛を指します。

素材に油分があるため撥水性があります。保湿効果とやわらかい肌触りが特徴です。弾力性や伸縮性にも優れていますが、虫が付きやすい、毛玉ができやすい、洗うと縮みやすいなどの短所もあります。

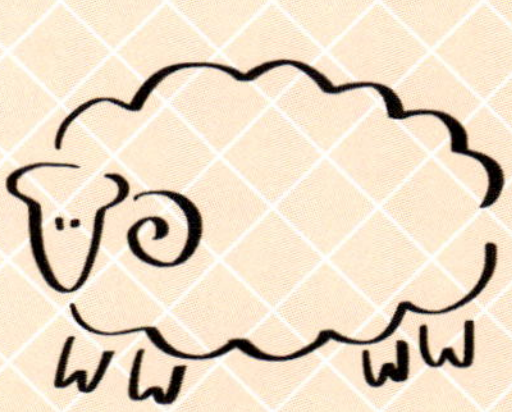

化学繊維の種類

ポリエステル

ナイロン、アクリルと並ぶ3大合成繊維のひとつで、化学繊維では最大の生産量。化学燃料由来、植物（トウモロコシ）由来、微生物由来の3種があります。形態安定性が高く吸湿性が低いので濡れても乾きやすく、アイロンがけが不要です。

ナイロン

摩擦に強く、弾力性や伸縮性に富んだ素材。裂けにくいという性質もあるため、衣類だけでなくタイヤやパラシュートなどにも使用されています。染色性がよく、鮮やかな色合いが特徴ですが、日光に長く当たると黄変するので注意。

アクリル

ふんわりと肌触りがやわらかく、温かく軽い素材です。ウールに似た性質で、衣類をはじめ寝具やインテリアなどに広く使用されています。ポリアクリロニトリルを85%以上含むものは「アクリル」、35%以上～85%未満のものは「アクリル系」と表示されています。

経《たて》糸《いと》と緯《よこ》糸《いと》

糸と糸との組み合わせで布は作られる

82ページで「織物とは糸を縦と横に組み合わせて作った布」と説明しました。

織機で布を織るときは、まず機械に経糸を張り、その間に緯糸を交差させながら進めていきます。この織り方や糸の素材などを変えることで、布に風合いや模様が生まれるのです。

織物の布をよく見てみましょう。糸と糸が、細かく直角に交わって織り込まれていることがわかります。布の縦方向に通っているのが経糸、横方向に通っているのが緯糸です。

織り方の種類

布を構成する経糸と緯糸の組み合わせ方によって、3種類の織り方があります。

経糸と緯糸の交差の状態を「織物組織」といい、このページで紹介する3つを「織物の三原組織」といいます。

網状の生地になる「捩織《もじりお》り」を含めて「四原組織」とされることもあります。

平《ひら》織《お》り

経糸と緯糸を単純に1本ずつ交差させて織っていく、織りの基本形。交差が多いために丈夫ですが、厚地の織物は作りにくいため、薄い生地が中心です。糸の種類やひねり方を工夫することで、表面に「シボ」と呼ばれる凹凸や畝《うね》が生まれます。

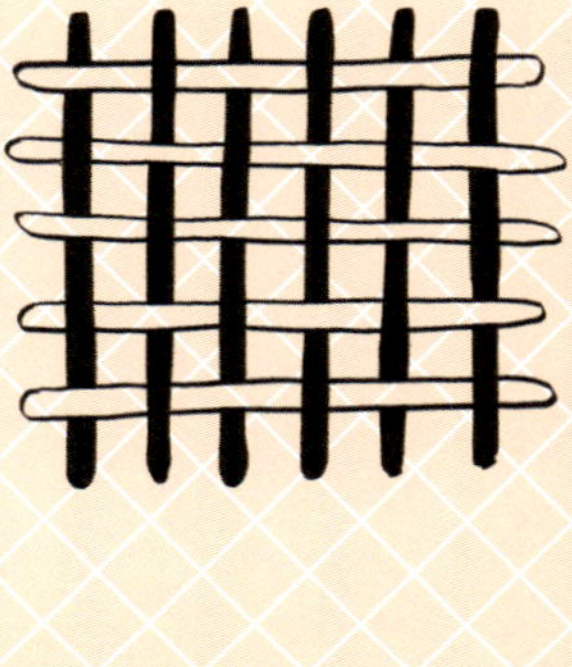

綾《あや》織《お》り

何本かの経糸に対し、1本の緯糸で織っていくため、織り目が斜めに見えるのが特徴。平織りに比べるとやや摩擦に弱いものの、糸の密度を高くすることで、厚くて柔軟性のある生地に。デニムやツイードなども、綾織りの一種です。

繻子《しゅす》織《お》り

朱子織りとも。サテン、ドスキン、ベネシャンなど。経糸と緯糸の交差を少なくさせることで、生地の表面になめらかさと光沢が生まれます。フォーマルウェアやブラウス、裏地などに多用されますが、摩擦に弱く、引っかき傷が付きやすい欠点も。

平織りの種類

ローン

ちょっとした透け感があり、キメが細かくてやさしい肌触り。夏のブラウスなどによく使われています。かつては高級な薄い麻の生地でしたが、現在では綿素材で、ソフトな風合いやシルキーな光沢を備えたものも多く出回っています。

ブロード

米国ではブロードクロス、英国ではポプリンと呼ばれます。伸縮性は少ないものの適度な耐久性があり、ワイシャツやエプロンなど毎日洗う衣服に多用されます。綿素材は縮みやすいので、縮みを防ぐには化学繊維が配合されたものを選びましょう。

キャンバス

綿や麻の太い糸で密に織られた厚手で丈夫なタイプが主流ですが、絹や化学繊維のものもあります。日本では帆布《はんぷ》と呼ばれることも多く、バッグや靴、油絵用のキャンバスのほか、その名の通り船の帆に用いられています。

縮緬《ちりめん》

表面に細かいシボがはっきり出た絹織物の総称で、和服の代表的な素材としても知られます。洋服地では、より幅の広いクレープのことを指しますが、独特の縮みがしっかり出ているものを縮緬として使い分けることが一般的です。

綾織りの種類

ギャバジン

もともとはバーバリー社の商標。かつては経糸に毛、緯糸に綿を使って高密度で織り、くっきりとした畝を生み出していました。現在では、化学繊維を含めさまざまな糸で織られています。コートやユニフォームなどに多用される生地です。

デニム

ジーンズの素材として広く知られる、厚手で実用的な生地。裏返すと白い色が多く表れるのは、経糸に色糸、緯糸に白糸を使って綾織りしているから。摩擦や洗うごとに表に緯糸が出て、独特の風合いや味が生まれるのです。デニムという名前は、フランスの南部にある都市ニーム(Nimes)で作られていた生地の名前「serge de Nimes(ニームのサージ)」が語源といわれています。

繻子織りの種類

サテン

繻子織りを総称してサテンと呼ぶことが多いですが、なかでも細い糸を使った、エレガントで光沢の強い織物を指します。平織りや綾織りよりも糸が長く浮いているため、少々丈夫さには欠けますが、なめらかな手触りが特徴的。

ドスキン

牡鹿（ドスキン）の毛皮に似せた毛織物や類似織物です。一般的には5枚繻子織り。繻子織りは使う糸の構造によって「5枚繻子」「8枚繻子」などがあり、数字が大きくなるほど光沢が増します。縮絨《しゅくじゅう》（羊毛などの繊維に蒸気や圧力をかけて糸を絡み合わせ、組織を密にすること）、染色、起毛などの手順を踏み、柔軟で光沢のある仕上がりになります。高級生地で、タキシードや礼服などに使われます。

染めの技法

プリントする「捺染《なっせん》」と染料にひたす「浸染《しんせん》」

染め方は大きく分けて2つあります。ひとつは、生地や糸に柄をプリントして、繊維の表面だけを染める「捺染」。糊《のり》で布に模様を描いた状態で染液にひたして染め、糊が付いた部分を白く残す防染《ぼうせん》技術を必要としないため、より早い時代から行われてきた方法です。

もうひとつは、糸や生地を染料にひたして染める「浸染」。繊維の中まで染まるため、裏表とも同じ色になります。生地をそのまま染めると色無地になりますが、一部を糸でくくったり板で挟んだり、糊を使ったりして防染することで、模様や柄が表現できます。

捺染の種類

型染め

模様を切り抜いた型紙を生地の上に置き、その上から模様を染め残す方法と、模様部分に色糊を置いたり染料を刷り込んだりして模様を染め出す方法の2つがあります。前者は小紋《こもん》や紅《びん》型《がた》、後者は友禅染《ゆうぜんぞめ》が有名です。

ブロックプリント

木版・銅版・石版など凹凸のある版型を使って捺染する方法で、ブロック捺染とも呼ばれます。草花や幾何学模様を彫り込んだ、さまざまな版型を組み合わせてプリントするインド更紗《さらさ》などが、よく知られています。

浸染の種類

絞り

日本最古の染色技法で、アジア各地にも広く見られます。生地の一部を糸でくくる、縫い締める、板で挟むなどして防染します。締め付けた部分は染料が染み込まず、柄になります。圧力のかけ方や糸のくくり具合で、柄の表れ方に変化が出ます。

絣《かすり》

日本では明治以降に発達した技法。絣とはかすれた模様や、その模様の布地を指します。本来は織糸をくくったり板で挟んだりして染めた絣糸を使って織ることで絣模様を作りましたが、絣模様をプリントした染め絣もあります。

筒描《つつがき》

防染のために糊を使う技法です。まず、糊を入れた筒で布に模様を描き、その部分を防染します。そのあとに染料を付けると、模様が染め残ります。友禅染でも使われる、昔からある技法ですが、手間がかかるために今では少なくなっています。

唐桟《とうざん》

インド南東部のコロマンデル地方からもたらされたといわれる技法。紺や赤を中心とする、先染めした複数の色の糸を使って縞模様を描き出します。粋な模様が江戸の町人に愛され、着物や羽織などに多く使われてきました。

布目って何?

布目を整えて生地の美しさを保つ

布目とは、生地の「経糸と緯糸の織り目」のこと。生地は経糸と緯糸を交互に織って作られますが、経糸と緯糸とが直角に交わっていることを「正しい布目」「布目が整っている」などといい、生地自体にゆがみやヨレのない状態を指します。

布目が整っていない状態で生地を裁断したり裁縫や加工をしたりすると、時間の経過とともに生地のサイズが変わってしまったり、型崩れした仕上がりになったりしてしまいます。布地を購入するときも、布目が正しいかを確認するようにしましょう。

写真＝山田諭

COUNTって何？

20 COUNT
=
20目／1インチ

なめらかさや厚みの目安となる数字

よく「COUNT」という文字が布にプリントされていますが、これは1インチ（約2・54㎝）あたりの布目の数を表しています。例えば「20 COUNT」ならば、1インチあたり20目あるということ。

この数が大きいほど細い糸を使用しているということであり、キメ細かくなめらかな布とされます。

逆に、数が小さいほど太い糸を使用しているという意味なので、厚みや重みのある布であることが一般的。なお、刺しゅうをする場合は、目の拾いやすさからCOUNT数が小さめな生地がおすすめです。

耳って何?

普通は捨てる部分
あえてポイント使いも

布地の、洋服作りなどに使われる部分を「地」と呼ぶのに対し、両端の部分は「耳」と呼ばれます。織機で作られた生地の耳は地とは違う織り方をされていたり、染めの加工で針穴が開いていたりするものも。かつては、「布の顔」として重要視されたこともあったようですが、通常は捨てられる部分です。

ただし、ブランドやメーカーのロゴが入った耳の部分をあえてポイント使いしたり、赤いステッチを施した「赤耳」のデニムが多くの人に好まれたりといったケースも。インドの伝統衣装サリーでは、デザインの重要部分に耳が積極的に使用されています。

布の裏表ってどう見分けるの？

ヒントは耳にあり 凸のあるほうが表

一番簡単なのは、耳を見ること。文字がプリントされている場合は正しく読める側が表です。ポツポツと針穴が開いている場合は、穴の出っ張りがある側が表です。

綾織りの生地は、織り柄の右上から左下にかけて斜めに線が入って見えるほうが表ですが、見極めは難しいかもしれません。

購入時にお店の方に聞くのが確実。生地によっては表裏どちらを使っても大差ないものもあり、あえて裏地を使う著名ファッションデザイナーも。基本的には表側を使いますが、あなた好みの側を使うのも一手です。

地《ち》直《なお》しと水《みず》通《とお》しって何？

布のゆがみを取る、欠かせない作業

織ったり染め加工を施したりといった段階で、多かれ少なかれ布は変形してしまいます。綿や麻のように、収縮しやすい素材も。布を使って何かを作る際には、布目のゆがみや収縮を取る作業が必要になります。

それが、地直しや水通し。生地には水に濡れると縮む性質のものがあり、布を切る前に水通しをすることで、完成後に洗濯をしても大幅に縮むことはなくなります。色落ちのチェックにも。

特に麻は縮みやすいので、しっかり水通しをしてから使いましょう。

手で布を引っ張ったり、湿気を与えたり、アイロンを使ったり。布目を整える方法はいくつかありますが、なかでも水を使う方法を「水通し」といいます。できれば布の裁断前に行うとベストです。

水通しと地直しをしてみましょう

まずは水通しから。水を張った洗面器に布を入れ、軽く押してからひたします。1時間ほど経ったら、きれいに折り畳み、手のひらでたたいて（絞ると布目が崩れるので注意！）、水分を抜きます。シワにならないように張って干し、半乾きの状態でアイロンをかけて布目を整えます。

これでもゆがみがとれない場合は、地直しをします。生地の緯糸にそって端を切ります。広げた紙などの角に合わせて布を重ねると、布のゆがみがわかります。布の四隅が直角になるように、少しずつ布を斜めに引っ張ります。

その後、生地を畳んで、水通しと同じように1時間ほど水にひたし、洗濯用ネットに入れて洗濯機で数十秒ほど脱水します。陰干しして半乾きになったら、アイロンをかけて整えます。

絹や化学繊維などは裏からアイロンを当てるくらいで大丈夫。ウールは水ではなく摩擦で縮むので、水通しは不要です。

オンスって何？

デニム生地でよく見る「oz」は重さの単位

デニムでよく使われるオンス（oz）という単位。生地の厚さだと思われがちですが、実は重さの単位です。1平方ヤード（0・84㎡）あたりの重さを示しています。一般的なデニムは7～14ozほどで、14ozであれば1平方ヤードあたりの重さは14oz。この数字が小さいほど軽く、大きいほど重くなります。10oz以下のものは「ライトデニム」と呼ばれ、スキニージーンズなどによく使われています。14oz以上のものは「ヘビーウェイトデニム」と呼ばれ、ゴワッとした質感。生地同士がこすれやすく、独特の色落ちが楽しめます。

ゲージって何？

ニットの密度の単位 編み機で数え方が変わる

ゲージとは、ニットの編み針や編み地の密度を表す単位のこと。「G」で表示されます。1インチ（2・54㎝）の中に針が何本あるかで示され、10Gであれば1インチの間に10本の針があるということ。

数字が大きくなるほど細かい針の密度となり、5G以下は粗い編み地で「ロー・ゲージ」「コース・ゲージ」と呼ばれます。6・5〜10Gは「ミドル・ゲージ」、12G以上は細かな編み地で「ハイ・ゲージ」「ファイン・ゲージ」と呼ばれます。

なお、編み機の種類によってゲージの換算方法などは変わってくるので注意。

布製品のお手入れ方法

主な天然素材の布を中心に、基本のケアを紹介します。布の風合いや質感をキープするためには、素材に合ったお手入れが欠かせません。基本を押さえて、お気に入りの布や布製品を長く楽しみましょう。

綿〈コットン〉

水に強い繊維なので、基本的には洗濯機洗いが可能。毛羽立ちを防ぐために裏返しにし、ネットに入れて洗いましょう。ほかのものへの色落ちを防ぐため濃い色のものは別洗いし、漂白剤を使う際は非塩素系のものを。

麻〈リネン〉

洗濯表示を確認し、ウォッシャブル（水洗い可能）タイプではないときは、専門店でドライクリーニングするのがおすすめ。家で洗う場合は、形崩れ防止のため畳んでネットに入れます。お湯は縮みの原因になるので、30℃以下のぬるま湯か水を使います。

毛〈ウール〉

ウォッシャブルタイプもあるので、洗濯表示を確認しましょう。家で洗う場合はきちんと畳み、30℃以下のぬるま湯か水で洗います。ウール100％の製品の洗濯は1〜2カ月に1度で十分。普段は陰干しし、湿気やにおいを取ります。

絹〈シルク〉

摩擦や光、熱に弱いので、取り扱いに注意しましょう。ウォッシャブルタイプは30℃以下のぬるま湯か水で手洗いを。汚れはたたくように取り、もみ洗いや絞ることは避けましょう。すすいだあとはタオルで水気を吸い取り、陰干しします。

キルティングって何？

ステッチやパッチワークで多彩な模様を描く

2枚の布の間に綿などの芯地を挟んでステッチをかけた布で、「キルト」とも呼ばれます。もともとは保温や防寒のために作られましたが、ステッチの入れ方ひとつでデザイン性が高まり、次第に装飾的な要素が強まるようになりました。

芯地を全体に入れるイングリッシュ・キルティング、模様の部分だけ芯地を入れるイタリアン・キルティング、アップリケやパッチワークを施した表地にステッチを入れて芯地・裏地と合わせるアメリカン・キルティング（パッチワーク・キルト）などがあります。

起毛って何？

毛羽立たせることで やさしく温かい仕上がり

生地の表面を引っかいたりこすったりして毛羽立つように加工したものを「起毛」といいます。生地にボリューム感が生まれ、温かく肌触りもやさしいことから、冬の衣料によく使われています。

ネル、フランネル、スエードクロスなど起毛にはたくさんの種類があり、加工の仕方もそれぞれ。針が付いた起毛機で起毛してから毛羽を切りそろえる方法、紙やすりなどでこする方法、生地をいったん湿らせてから細かい毛羽を出す方法、毛玉や渦巻き状に仕上げたものなどがあります。

オイルコーティングって何？

レインコートの素材として長く活躍

生地に桐油《とうゆ》や亜麻仁油《あまにゆ》など乾性油を塗り、防水性・防縮性・防汚性をもたせることを「オイルコーティング」といいます。機能性を重視した加工であり、オイルコーティングされた「オイルクロス」「油布《ゆふ》」と呼ばれる生地は、レインコートの素材として多く使われてきました。

最近では、薄手の綿や麻、ポリエステルなどの生地にポリウレタン系をはじめとする合成樹脂をコーティングする方法が主流。機能性だけでなく、これまでになかった風合いも加わっています。

ガーゼって何？

夏は涼しく、冬は暖かいスグレモノ

包帯などの医療品や、赤ちゃんの肌着などに使われることが多いガーゼ。目の粗い、薄い平織りの綿織物です。実は、「夏は涼しく、冬は暖かい」というスグレモノの布なのです。

ガーゼはそもそも通気性や吸湿性に優れた素材であり、糊を使わずに仕上げるので、やわらかくて肌触りもやわらか。

さらに二重織りにしてガーゼを重ねることで、空気の層ができてふんわり感がいっそうアップ。夏は通気性・吸汗性・速乾性が高まってより涼しく、冬は適度な保湿性が備わることでより暖かくなるのです。

オーガニックコットンって何？

環境への負荷が少ないコットンのこと

ベビー服や肌着でよく見る「オーガニックコットン」の表示。遺伝子組み換えの種を使わず、3年以上化学肥料を使用していない土地で、農薬を使わずに育てられた綿花のことです。実は普通に栽培された綿花も残留農薬はかなり少なく、収穫された綿そのものに違いはありません。大きな違いは、環境への負荷なのです。

ちなみに、紡績や染色、仕立ての工程でも化学薬品を使わず、労働の安全や児童労働の撤廃など社会的規範を守って作られたものを「オーガニックコットン製品」といいます。

藍とインディゴの違いって何？

「藍」という植物は存在しない?!

実は、違いはありません。藍染めは古くから世界各地で行なわれてきましたが、藍という植物はなく、「インディゴチン」という色素を持つ染料の総称が「藍」なのです。

いずれも原料は植物で、日本では主にタデ科の蓼藍《たであい》が用いられていましたが、インドではマメ科の木藍《もくらん》、ヨーロッパではアブラナ科のウォードなど、地域によってさまざまな植物が使われてきました。

ただし、現在は合成染料や安価な外国産が主流となり、国内での藍の染料の生産は激減しています。

レースの種類

繊細な模様と透けるような質感で、古くから女性に愛されてきたレース。代表的な種類とその魅力について紹介します。

ケミカルレース

水溶性の布を土台（基布《きふ》）にし、機械で刺しゅう。そのあとに布を溶かし、刺しゅう糸だけを残すという手法で作られます。開発当初は、シルクやコットンなどの基布を薬品で溶かすという化学処理を施していたことから「ケミカル」という名がつきましたが、現在は布にも刺しゅうにも化学的な要素はありません。モチーフが切り離せることから、ワンポイント装飾として使われることも。

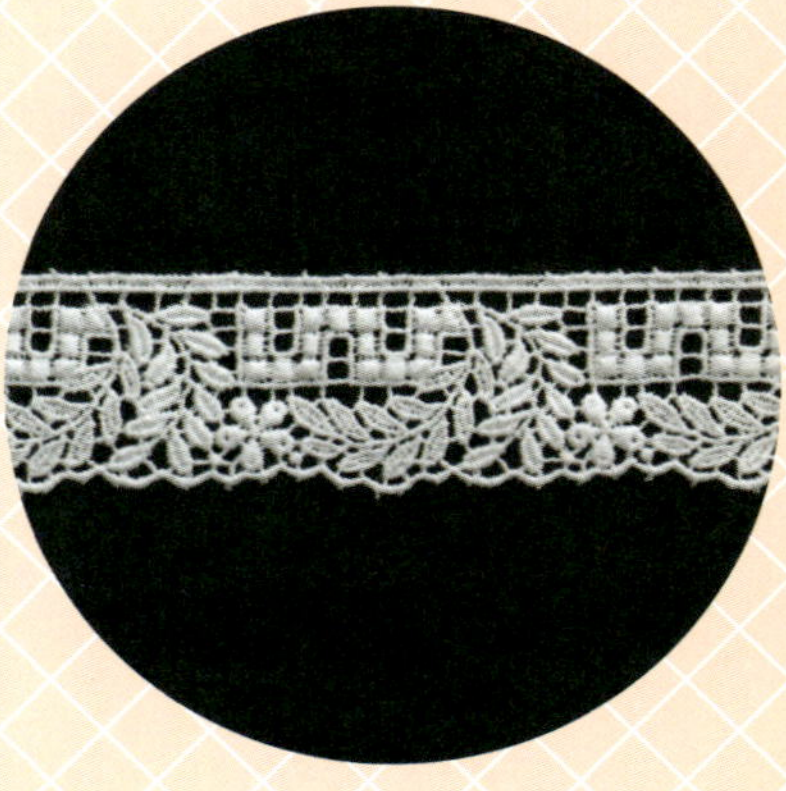

写真＝山田論

チュールレース

「亀甲目《きっこうめ》」とも呼ばれる六角形など多角形の編み目でできた、チュールという薄い生地を土台にして刺しゅうを施したり、模様を編み込んだりして作られます。フランスのTulle（チュール）で生まれたことにより名づけられました。各地でさまざまな技法があります。

リバーレース

1813年にイギリスのジョン・リバーによって開発された、リバーレース機で作られたレース。細い糸を1万本以上使って作られ、繊細で美しい模様が特徴です。機械で作られるレースのなかでは最高級とされ、「レースの王様」とも呼ばれます。

ラッセルレース

刺しゅうではなく、ラッセル・レース機という経編みの機械で編まれたレース。代表的な機械レースの一種であり、「レースの王様」と称されるリバーレースを安価に作るために開発されました。薄くて平らに仕上がることから、カーテン、女性用のフォーマルウェア、下着などによく使用されています。

日本の織物

紬《つむぎ》

紬糸を平織りにした、軽くて丈夫な絹織物。質素な見た目から江戸時代には町人や農民にも着用が許されていましたが、その渋さが好まれるようになり次第に高級化。現在は、玉《たま》糸《いと》や生糸で紬風に織られたものも増えています。

上布《じょうふ》

上質な苧麻で織られた、光沢のある薄手の高級麻織物。手触りがかたく、さらっとしており、夏の衣類に使われます。上布という名前は「一般の無地の麻織物よりも上質な布」「江戸幕府への上納布・献上布」などに由来するとされています。

絣《かすり》

染まった部分と染まっていない部分のある糸や布を使って織ることで、かすれた模様になる織物。世界各地で古くから織られており、国際的には「イカット」と呼ばれますが、日本独自のものは「kasuri」と区別されることが多いです。

裂織《さきおり》

細く裂いてひも状にした古布で織った再生織物。緯糸に裂いた古布、経糸に麻や綿の糸を使い、独特の色合いや渋みのある趣に。布が貴重だった時代に生活の知恵として生まれ、なかでも青森県南部地方の「南部裂織」が有名。

会津木綿

福島県会津若松市で江戸時代前期から生産されている綿織物。県の伝統工芸品に指定されています。素朴な縞模様が特徴で、「会津縞」との呼び名も。吸湿性がよく厚手で丈夫なので、日常着などで使われてきました。

西陣織

京都市西陣で作られる高級絹織物の総称。国の伝統的工芸品にも指定されています。京都では平安時代から絹織物産業が盛んでしたが、室町時代の応仁の乱後に織物職人が多くこの地に集まったことから大きく発展しました。

芭蕉布《ばしょうふ》

沖縄県大宜味《おおぎみ》村《そん》喜如嘉《きじょか》などの特産品で、喜如嘉のものは国の重要無形文化財に指定されています。主に糸芭蕉の繊維を沖縄の自生植物の天然染料で染め、無地や絣模様などに織り上げていきます。夏物衣料や座布団の帯地などに使用。

日本の染物

型染め

模様を切り抜いた型紙を生地に当てて染める型染め。日本では柿渋を塗った型紙が多く使われてきました。昔から「西の友禅、東の小紋」と並び評されますが、沖縄の紅型《びんがた》も有名。赤を主に緑・青・黄など多色使いが特徴です。

注染《ちゅうせん》

周囲を防染糊で土手のように囲み、中に染料を注いで模様だけを染めることからこの名に。「注ぎ染め」とも。表裏ともにくっきり柄が染まり、多彩な模様、微妙なタッチ、独特の色合いが表現できることが特徴。浴衣や手ぬぐいなどに使われています。

江戸小紋

江戸時代の武士の裃《かみしも》に用いられた、伝統的な型染め。細かな模様を白抜きして単色で染めるのが特徴で、その繊細さから染織の最高峰とも称されます。明治以降に多色の友禅小紋などが現れたため、本来の小紋をこう呼ぶように。

藍染め

蓼藍などから取った染料を使う藍染め。古くから日本の生活に密着し、手ぬぐい、風呂敷、浴衣など庶民に常用され、「紺屋《こうや》」と呼ばれる藍染め屋が日本各地にあったほど。日本だけでなく世界各地で行われる昔から技法です。

絞り染め

7世紀から続くとされる、日本最古の染色方法。布の一部を糸でくくる、柄の部分を縫い締める、板で締め付けるなどで防染します。「タイダイ」として世界各地で見られますが、日本のものは「shibori」と区別されることも。

友禅染

友禅とは多彩色の絵画調模様やその染色方法のこと。江戸時代の扇絵師 宮崎友禅斎が小袖に描いた鮮やかな絵画調の模様が人気となり、この名前になりました。本格的な「手描き友禅」「本友禅」、型染めの「型友禅」の2種類があります。

紅型

15世紀頃から始まったとされる、沖縄の伝統的な型染め。多色使いと花・鳥・亀・水など南国的な模様が特徴。もともとは特産の紬や芭蕉布などに染めていましたが、最近では絹にも。琉球藍を使ったものは「藍型《あいがた》」といいます。

世界の布

海外にもさまざまな織物や染物があります。どれも各地の文化や歴史に根付いたものばかりです。

アイリッシュ・リネン

北アイルランドで生産されるフラックスで織られた、しなやかで艶やかな最高級リネン。現在、同地ではフラックスの生産や紡績がされていないため、国際分業で作られる高品質なヨーロッパリネンの通名となっています。

イカット

インドネシアやマレーシアで作られ、絣を意味する言葉として世界共通語になっています。本来イカットとはインドネシア語で「縛る、くくる、結ぶ」の意。糸で布をくくって防染した絣糸を使用し、絣模様を織っていきます。

カディ

インドの伝統的な糸車を使い、手紡ぎした糸で手織りした織物。主に綿ですが、絹やウールもあります。肌触りがやわらかく、吸湿性、速乾性があって丈夫。インドではタオルやシャツ、サリーなど幅広く使われてきました。

キリム

トルコを中心とする遊牧民や牧畜民が生み出した、独特の伝承模様を織り込んだ毛織物。敷物や衣類、収納袋、壁飾りなど用途は実にさまざま。生活必需品でありながら芸術性も高く、遊牧民の財産とされる価値の高い織物です。

ゴブラン織

独特の爪かきで模様を表現する綴《つづれ》織りの一種。本来はフランスのゴブラン製作所で手織りしたタペストリーを指しますが、現在ではヨーロッパで織られたタペストリーや、それに似たジャカード織りも含めてこう呼ばれます。

タイシルク

2千年の歴史を持つ、タイの手織り絹織物で、鮮やかな色使いが特徴。糸が太くて短く、節やムラのある野蚕《やさん》の繭を使用しており、独特の光沢とシャリ感、地厚感があります。『ジム・トンプソン』は世界的なタイシルクのブランドです。

タータンチェック

スコットランドのハイランド地方で生まれた伝統的な格子柄の毛織物。氏族や地域などを表す文様として発達してきました。キルトなど民族衣装に使われており、今では英国調を象徴する柄として世界で広く認知されています。

ツイード

本来は、手紡ぎの太い羊毛をざっくりと平織りか綾織りにしたもの。原産地や羊毛の種類、織り方などにより呼び名はさまざま。羊毛に限らず、目の粗いざっくりとした厚手の織物を総称して「ツイード」と呼ぶこともあります。

更紗

インドが起源とされる木綿の模様染めで、人物や動植物、幾何学模様など民族独自の模様を天然染料で手捺染《てなっせん》したもの。その技法は世界各地に伝わっており、それぞれの地域で独自に発展しています。呼び名や技法、柄もさまざま。

バティック

インドネシアのジャワ島を中心に作られる、ろうけつ染めの更紗。ろうけつ染めを指す国際共通語でもあり。藍や茶褐色の色合い、点描された動植物や幾何学模様が特徴。伝統的な技法によるものは、ユネスコの世界無形文化遺産に。

カンガ

東アフリカ、ケニア、タンザニアなどの女性が愛用する、綿のカラフルなプリントが施された一枚布。冠婚葬祭の衣装、風呂敷、赤ちゃんのおくるみなど、あらゆる場面で使われています。中央にはスワヒリ語のことわざなどを記した「カンガ・セイイング」が。

台湾花布

台湾で用いられてきた鮮やかな花や鳥を柄にあしらった布のこと。近年では「客家《はっか》」と呼ばれる人々が用いることも増え、「客家花布」と呼ばれることもあります。布団カバーなどに使われてきた、レトロで懐かしい柄。

アランニット

縄編みを基本にした、凹凸感のある編み模様で知られる編物。模様はアイルランドのアラン諸島に古くから伝わるもので、一般的な縄編みとは区別して「アラン・ケーブル」と呼ばれています。その模様の美しさは「糸による最高の彫刻」と称されるほど。

文様の意味

布にあしらわれた模様には、文化や地域に根ざした意味が込められています。ここでは日本の文様について紹介します。普段よく目にするあのモチーフには、どんな意味が込められているのでしょうか。

菊

菊は奈良時代から平安時代にかけて中国からもたらされたもの。桃山時代に入った頃から、文様に取り入れられるようになりました。中国に古くから伝わる数々の伝説から「長寿」を象徴する植物とされてきました。

流水

あらゆる生命の源である水が流れる様子を「永遠の形」として描かれてきたようです。渦を巻きながら流れていく水の曲線が美しい「流水文」、渦巻き状で横に伸びた「観世水《かんぜみず》」などが有名。単体で用いられるほか、草花や鳥、風景などとともに描かれることも。紅型にもなくてはならない図案のひとつです。

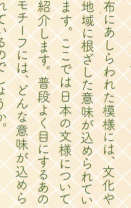

松

松は砂地や岩だらけの土地でも力強く芽を出して成長し、四季を通じて葉の色が変わらないことから、平安時代から吉祥文様として使われてきました。芽生えて間もない様子を描いた「若松」、年月を経て風格が漂う「老松」、松葉を一面に散らした「敷き松葉」など、さまざまな意匠があります。

竹

一年中緑色を保つことから「みずみずしい」「清浄である」、根を強く張って直線的にあっという間に伸びることから「まっすぐ」「威勢がいい」、節があることから「節度がある」などたくさんの理由で神聖なものとされてきました。室町時代に庶民の文様として一般化され、江戸時代にはさまざまなデザインのものが登場しました。

梅

寒い冬にいち早く花を咲かせ、春の訪れを感じさせる姿、愛らしい花の形、香りの高さなどによって、長く愛されてきました。「松竹梅」は古くから日本で縁起物とされています。平安時代ぐらいからそれぞれが文様として使われるようになりましたが、松竹梅の3つを組み合わせた模様が広まったのは、室町時代ぐらいのようです。

唐草

つるや草が絡み合い、曲線を描く唐草文様。もともとはギリシャやローマの連続文様である「パルメット」から発展し、日本には古墳時代に中国を経て伝わったという説も。途切れることなく、たくましくつるが伸びる様子は「繁栄・長寿」を感じさせると喜ばれ、文様として取り入れられるように。「風呂敷の柄」として知られる「唐草文」が有名です。

鶴亀

「松竹梅」とともに縁起物の象徴とされる「鶴亀」。「鶴は千年亀は万年」ということわざも有名ですね。鶴は「長寿」だけでなく、純白の羽とたおやかな姿なども人々に古くから愛されてきたゆえん。「飛鶴」「立鶴」など、鳥のなかでは最も多くの文様が描かれてきました。一方、亀の文様はさらに古く、弥生時代の銅鐸《どうたく》にも見られるほど。多くは亀の単体ではなく、鶴とともに描かれています。

縞模様

縦・横・斜めなどに平行する複数の直線（または直線に近い線）模様の総称が「縞」。洋服地の「ストライプ」「ボーダー」にあたります。日本でも古くから存在してはいましたが、室町〜江戸時代に輸入された生地に触発され、日本ならではの意匠が発展。もとは「東南アジアの島々のもの」ということから「島」と書かれましたが、転じて「縞」の字があてられるようになりました。線の太さ、数、間隔、組み合わせなど、模様の種類は非常に豊富です。

万筋《まんすじ》

2色の糸を2本ずつ配列して織り上げた細かな縦縞で、遠目には無地に見えるほど。「万の筋がある」ということからこの名がつきました。江戸小紋の縦縞の代表格。

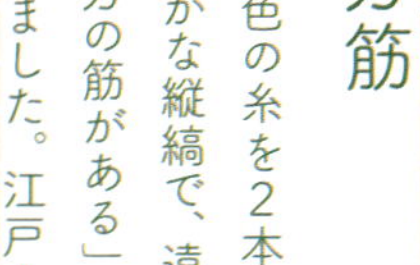

鰹縞《かつおじま》

鰹の体の色から名づけられました。背中からお腹にかけてだんだん色が薄くなっていく鰹のように、濃い色から薄い色へとグラデーションになった縞模様のこと。

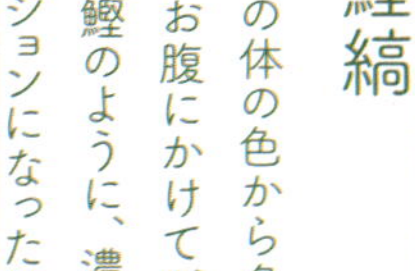

矢《や》鱈縞《たらじま》

縞模様の間隔や太さ、配色などが、不規則に表現された柄。乱縞《みだれじま》とも。残った糸を処理するために織られていたようですが、江戸時代に女性用の生地として大流行しました。

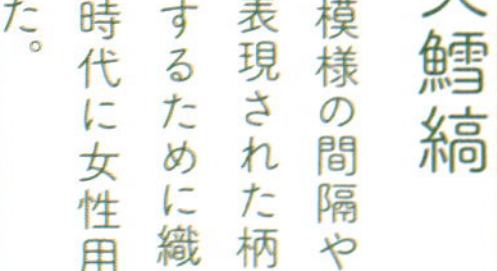

テキスタイルとファブリックの違い

明確な区別はないけど、業界によって違う使い方も

英語で「テキスタイル」「ファブリック」と訳される「布」。でも、両者の違いはいったい何でしょうか。

実は、明確な定義づけはありません。一般的には、「テキスタイル＝織物（商品加工前の生地）」「ファブリック＝布地の商品」として使われています。

テキスタイルはニットなどの編み物やレザーを含まないことが多く、アパレル業界でよく使われる言葉。対して、ファブリックは編み生地やレザーも含んだ布製品を指すことが多く、雑貨などインテリア業界でよく使われています。

布の選び方

素材や織り方、染め方など布にはさまざまな種類があります。布を買って布小物を手作りするときは、どんな生地がよいでしょうか。自分の好きな布を使うのが一番ですが、耐久性や質感など生地の特徴から、いくつか紹介します。

バッグを作るときは、帆布など耐久性のある丈夫な生地がおすすめです。カバン用の接着芯を使えば、薄い布でも作ることができます。

トップスやワンピースなどはローンやブロード、シーチングなどの薄手のものを使うと、季節を問わず着ることができます。

オックスという平織りの綿は、適度な張りがあり、ちょうどいい厚さで縫いやすい生地です。洋服からポーチ、インテリア小物、カーテンまで幅広く使えるのでおすすめです。

PART 3

いま欲しい布カタログ210

人気のテキスタイル作家、ブランドが作る、暮らしに取り入れたい布地がたくさん。
きっと、自分だけのお気に入りが見つかります。

布カタログページの見方

1 相原 暦
〈アイハラ コヨミ〉

2 素材：コットン100％

シルクスクリーンの技法を主にテ
スタイル、布小物を製作しています
デザイン、プリント、縫製と全ての
程をひとりで行っています。子ども
頃を思い出すような懐かしさと安
感のあるものをと、思っています。
んな年代の方にも受け入れられる
うな楽しいものをお届けしたいです

3 koyomi-a.jp
4 koyomi_a
5 店 黄色い鳥器店
手紙舎 2nd STORY
sahanji+
Shop mo ∴

1 作家・ブランド名
2 布地の素材
3 WEB サイト
4 Instagram アカウント名
5 お取扱い店名
（情報は P.221 からのお取扱い店リストをご覧ください）

※ 掲載内容は2019年4月現在のものです。掲載されている情報や
URL、商品の仕様などは予告なく変更される場合があります。

neko(ハンカチ)

tulip(ハンカチ)

相原 暦

〈アイハラ コヨミ〉

素材:コットン100%

シルクスクリーンの技法を主にテキスタイル、布小物を製作しています。デザイン、プリント、縫製と全ての工程をひとりで行っています。子どもの頃を思い出すような懐かしさと安心感のあるものをと、思っています。どんな年代の方にも受け入れられるような楽しいものをお届けしたいです。

koyomi-a.jp

koyomi_a

店 黄色い鳥器店
手紙舎 2nd STORY
sahanji+
Shop mo ∴

bloom（ハンカチ）

hana no wa（ハンカチ）

flower bed（ハンカチ）

神社

線香花火

青衣 あをごろも

〈アヲゴロモ〉

素材：コットン

2013年”新しいニッポンのテキスタイル”をコンセプトにスタートした京都発のテキスタイルブランド。京都の職人・メーカーさんの協力のもと、ニッポン人が昔から親しんできたコットンやガーゼなどのファブリックに、藍染の抜染・捺染といった染色技法を使用。ちょっと懐かしくて、ちょっと新しい”ニッポンの風景”を色鮮やかにデザインしています。

www.aogoromo.jp

aogoromo

店 青衣 あをごろも 京都店

つばめ

キツツキ

くずきり

Dance 03

Picnic 05

admi

〈アドゥミ〉

素材：インド綿

ヒンドゥー語で「人」という意味のadmi。日本のデザイナーとインドの木版プリント職人の出会いで生まれたテキスタイルブランドです。
インドの伝統技法である木版プリントと優しいインド綿の風合いにこだわり、楽しく心地よい布づくりを目指し2008年から活動を続けています。

admi.jp

porichiparu

店 黄色い鳥器店
手紙舎 2nd STORY
axcis nalf
humongous

SunnyDay 01

Hanauta 07

Morning 03

A

B

otsukiyumi

〈オオツキユミ〉

素材：コットン100％

草花、雨、石など身近な自然をモチーフに手描きの線、リズム感を大切に描きテキスタイルパターンへと落とし込んでいます。国内の工場で染料インクジェットプリントをしております。nunocotofablicでもデザイン提供した生地が販売されています。

otsukiyumi.com

otsukiyumi

otsukiyumi オンラインショップ
nunocoto fabric

A：caraway bluegray
B：sumire dark gray
C：Tulip yellow
D：minamo blue
E：ajisai navy blue
F：オリジナルテキスタイルを使ったハンカチ
G：waterdrop ホワイト／グリーン（nunocoto fabric）
H：tensen キャロット（nunocoto fabric）

C

D

E

G

H

TENT（レッド）

TENT（ブルー）

オオノ・マユミ

〈オオノ マユミ〉

素材：オックス（コットン100％）

2018年、nunocoto fabricとのコラボレーションがスタートしました。モチーフはシンプルな植物がメイン。そして遊び心のある配色を心がけています。「気分が上がる」スイッチとなるようなテキスタイルをお届けしていきたいと考えています。

nunocoto-fabric.com
o-ono.jp

mayumi_oono

店 nunocoto fabric

ストロベリーキャンドル（小）

ミモザドット（小）

Flap mini（ココアブラウン）

アーティチョーク(ブラック、レッド)

B
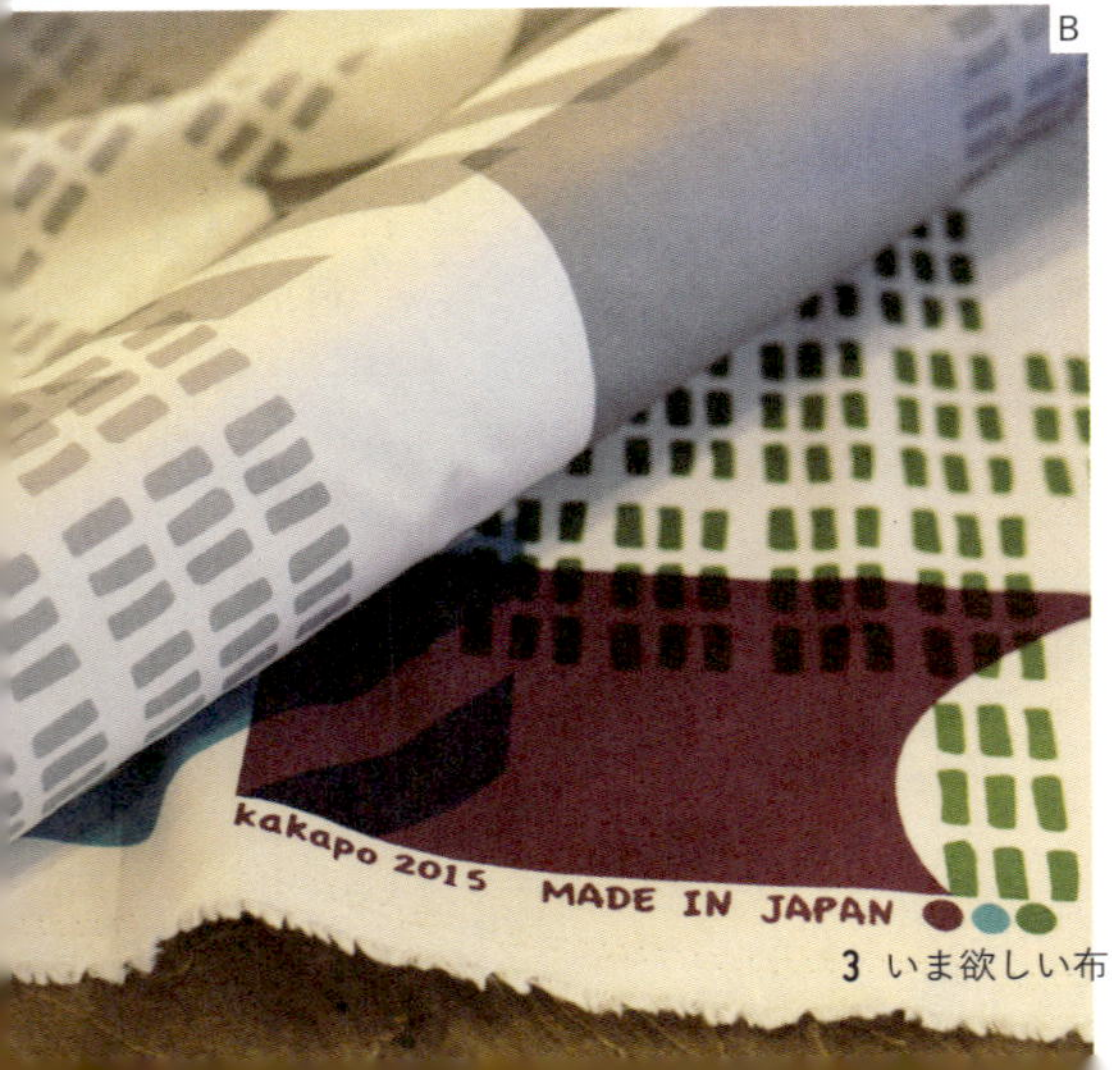

kakapo

〈カカポ〉

素材：コットン、刺繍や織物も

2012年にスタートしたオリジナルテキスタイルブランド。「流行やファッションに影響されて消耗するのではなく、世代を超えて10年後、20年後も愛され、使われるファブリック」を念頭にデザインし、国内で生産しています。シャツやバッグなど、テキスタイルの可能性を広げる、オリジナルプロダクトも提案。インテリアなどのオーダーもできます。

www.kakapo.jp

kakapo_textile

店 kakapo atelier shop

A：生地が置かれたアトリエの棚(50cmから購入可能)。

B：国内生産にこだわった生地。

C：週末にのみオープンするアトリエ。

D：オリジナル生地を使ったクッションカバー。

A

D

C

wild flower（ホワイト）

forget me not

KAYO AOYAMA

〈カヨ アオヤマ〉

素材：ブロード（コットン100%）
オックス（コットン100%）

植物や石など、自然の造形物が持つ有機的な形の魅力を出発点に、手で描かれた有機的な線や自然な塗りムラを繊細に表現することで、暮らしのなかで特別な愛着が感じられるような生地を目指し、制作しています。生活の中に草花を飾るように、見ていて心地のよい柄を生み出していきたいです。

kayoaoyama.com

kayoaoyama

店 nunocoto fabric
手紙舎 2nd STORY
KAYO AOYAMA ONLINE STORE

日々草 -nichinichisou-（ペールクリーム）

olive（グレイッシュネイビー）

sea grass

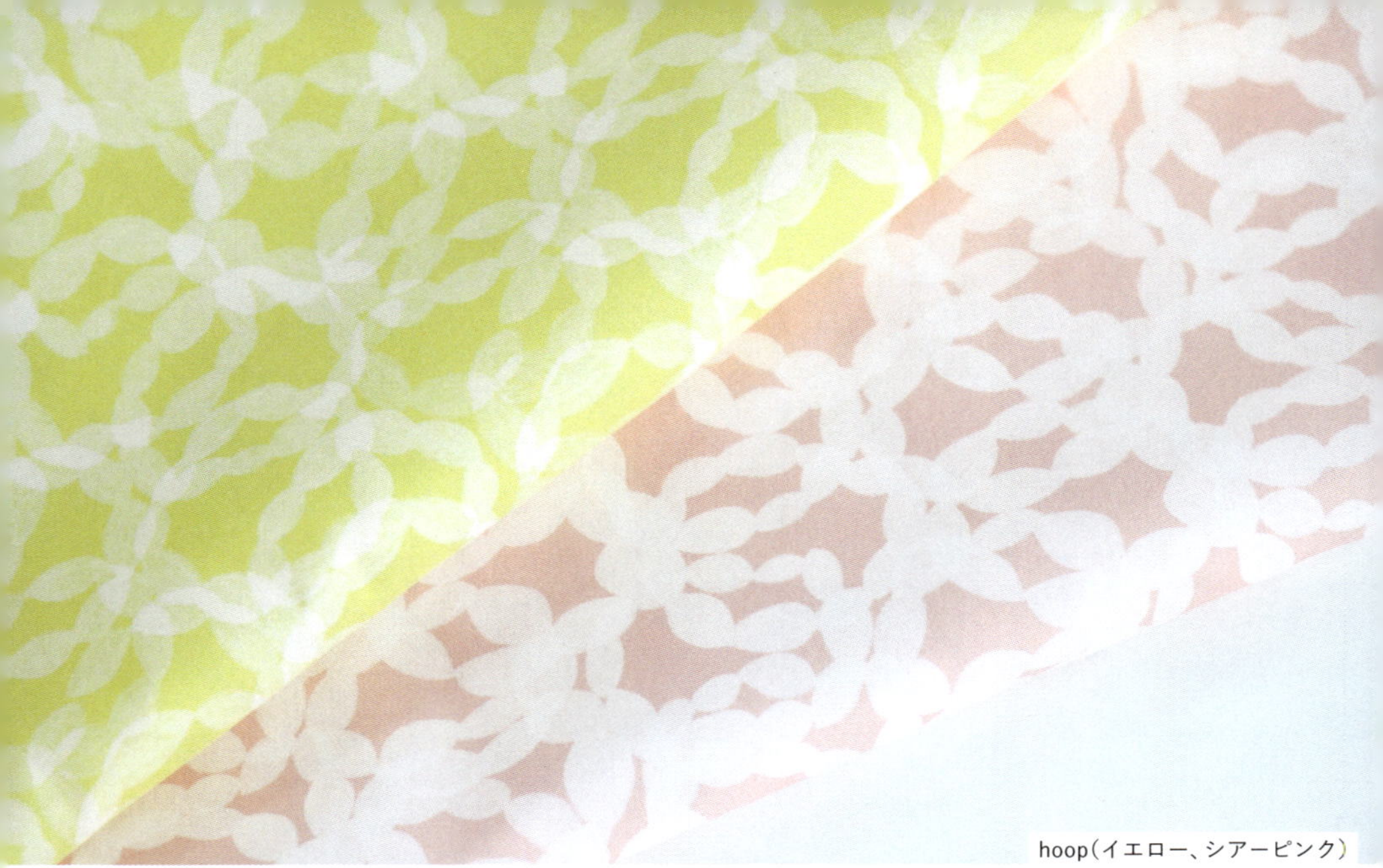

hoop（イエロー、シアーピンク）

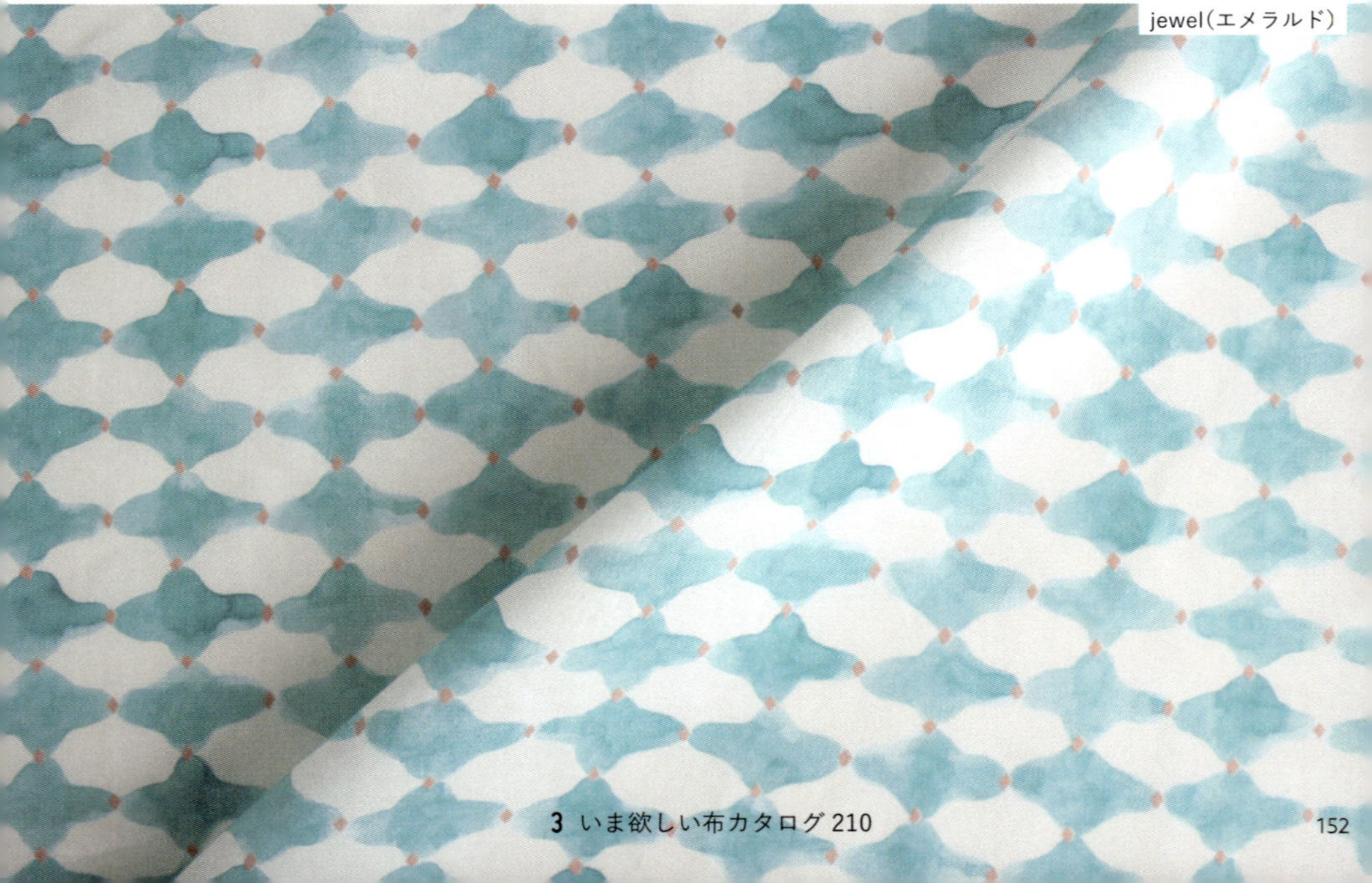

jewel（エメラルド）

garden

skip

アネモネ

-COOH

〈カルボキシルキ〉

素材：コットン100％

「暮らしに心に彩りを」をコンセプトに図案から丁寧に仕上げています。何気ない日常、いつものテーブルに1枚クロスをかける、お気に入りの柄を身にまとう。-COOHの生地に触れることで皆様の心にほんの少しでも変化があれば幸いです。

cooh.base.shop

karubokishiru_ki

店 foo
foo stitch

ミモザ

windowpane squ

オーナメントフラワー S ピンク

フロート イエロー

サヴィ ブラック

QUARTER REPORT

〈クォーターリポート〉

素材：コットン、リネンなど天然素材

北欧の感性を経糸に、日本の美意識を緯糸に織りなすテキスタイルメーカー。1988年の創業以来、インテリアやファッションなどのカテゴリーにとらわれない「布の可能性」を追求しています。ファッションブランドやプロダクトメーカーとのコラボレーションも数多く手がけています。

www.quarter.co.jp

店 FIQ（直営店）
全国のインテリアショップ
ライフスタイルショップ

カンヌ　マルチ

プーレア ベージュ

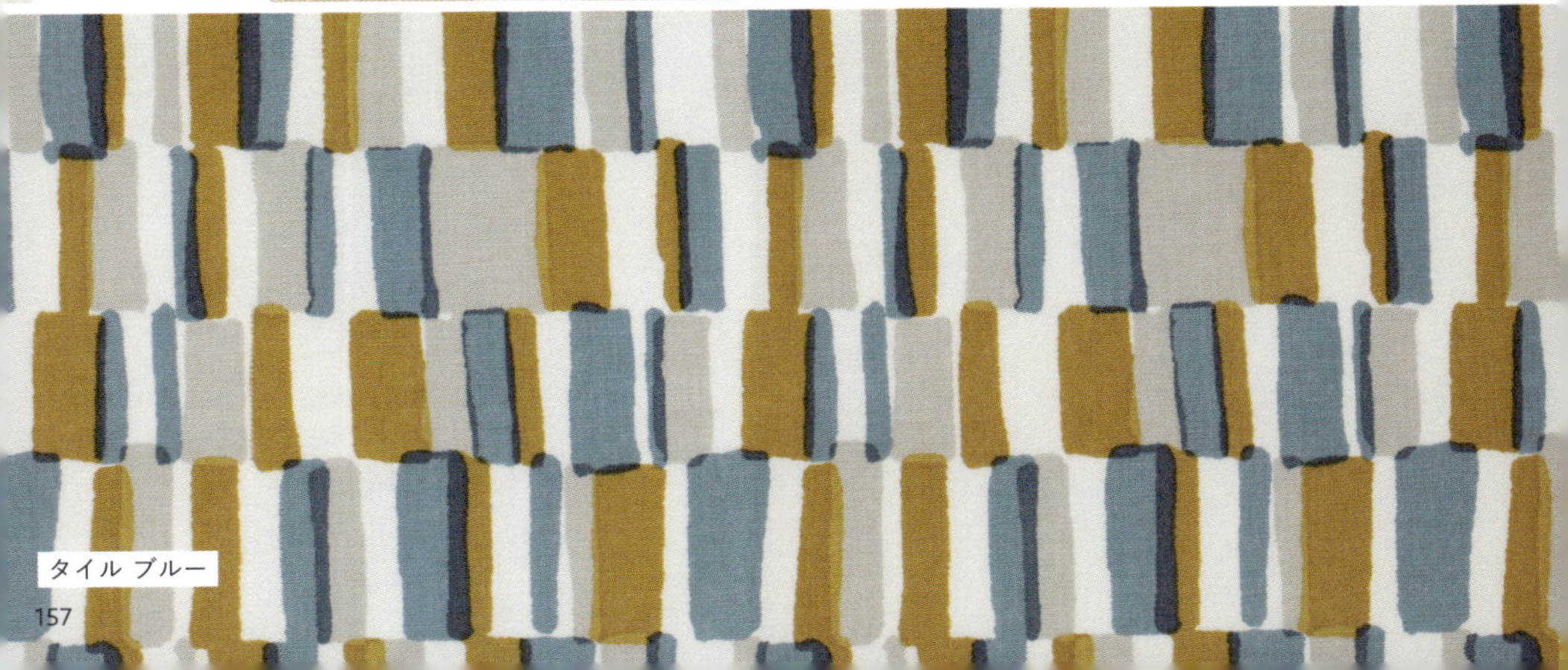

タイル ブルー

nohara

zawazawa

kuuki

〈クウキ〉

素材：ダブルガーゼ・コットン

コンセプトは空気のようであること。主張しすぎず、そばにあり、ふとした瞬間にいいなぁと感じてもらえる存在感を目指しています。ふわふわと浮遊する軽さやゆらぎを感じるデザインも持ち味。まとう人の空気の一部になり長く愛され使っていただけますよう願いを込めて、ハンカチをメインに布小物を製作しています。

kuuki000.petit.cc

kuukimemo

店 さくら食堂 /Nestmate
中井衣料百貨店
kakela
oku

chou

tsubu

hansha

kurume kasuri textile

〈クルメ カスリ テキスタイル〉

素材：コットン、リネン

福岡県南部の筑後地域で、200年以上にわたって作られてきた久留米絣。作業工程は約30にも及び、随所に手仕事の手間と工夫が織り込まれています。バラエティ豊かな柄、人の手が生み出す素朴な温かみ、使い込むほどによさを増していく風合い。そんな久留米絣の魅力を広めたいと、織元に出向いてセレクトした生地を販売しています。

kurumegasuri.com

店 久留米絣オンラインストア

多彩な柄は「括り」の工程で染め分けられた「絣糸」を織り上げることで生まれます。絣糸を縦の糸だけに使う経絣、横の糸のみの緯絣、縦と横の双方に使う経緯絣があり、味わいのある“かすれ”や“にじみ”こそ手仕事の証。

kukka(ホワイト)

kukka(グレイッシュブルー)

さこももみ

〈サコモモミ〉

素材:コットン

絵本作家、イラストレーター。数多くの絵本を手がけてきた経験から、子どもと家族の暮らしに笑顔が増えるようなデザインを心がけて制作しています。デザインしたテキスタイルはnunocoto fabricの通販サイトのみで販売しています。

msako.myportfolio.com

momomisako

店 nunocoto fabric

Happy Bugs（ホワイト、ブルー）

small mush（グレー＆ピンク）

small fish（カラフル）

small jockey（ネイビー）

恐竜(カラフル)

Animal Puppets(イエロー)

カーズ(レッド)

iyokan -orange-(麻)

iro moyo -fantasy purple-(綿・ダブルガーゼ)

sun and snow

〈サン アンド スノウ〉

素材：コットン、リネン

スウェーデンの小さな島にある工芸学校で染織を学び、帰国後、愛媛を拠点に制作活動を始めました。草花や木の実、動物など、身の周りの自然からインスピレーションを受けた模様や色を手捺染（プリント）しています。身近な素材を用いて織ったり紡いだり、縫ったりしながら、暮らしとともにある布ものを作っています。

sunandsnowand.com

sunandsnowand

sun and snow オンラインショップ

itoshino berry -blue-(綿麻)

i skogen-gröna skogen-(麻)

pipipi（ネイビー）

ハーモニー（ナチュラル）

スズキ カホ

〈スズキ カホ〉

素材：オックス（コットン100%）

東京藝術大学を卒業後、アートを学びにフィンランドの小さな田舎町へ。自然に囲まれたシンプルで豊かな暮らしから受けたインスピレーションをもとに、絵画・イラスト・デザインなど幅広く活動中。2018年よりデザイナーズプリント布の通販サイトnunocoto fabricにテキスタイルデザインを提供しています。

www.kahosuzuki.com

oha_k_aho

nunocoto fabric

さんぽみち

BIRD

イロイロ

LETTER（グレー）

オリジナルストライプ ラベンデューラ

オリジナルストライプ カシス

CHECK & STRIPE

〈チェック アンド ストライプ〉

素材：コットン、リネン

OnlienShopと直営店舗で、オリジナルのリネンやコットン、リバティプリント等の生地やパターン、アップリケ、ソーイングキット等を豊富に販売しています。直営店舗では、お好きな生地とパターンをお選び頂いてお作りするセミオーダーのお仕立てや、ソーイング教室、ワークショップ等も、随時開催しています。

checkandstripe.com

check_stripe

店 CHECK&STRIPE 神戸店
CHECK&STRIPE fabric&things（芦屋）
CHECK&STRIPE 自由が丘店
CHECK&STRIPE 吉祥寺店
CHECK&STRIPE little shop（鎌倉）
CHECK&STRIPE workroom（自由が丘）

オリジナルギンガムチェック グレイッシュピンク

オリジナルギンガムチェック マスタード

オリジナルギンガムチェック ピスタチオ

オリジナルギンガムチェック マスカット

A

B

池沼織工房 千織

〈イケヌマオリコウボウ チオリ〉

素材：コットン

昔ながらのシャトル織機と、極太から極細まで多種多様な糸を巧みに使い分け、様々な風合いの生地を手がけています。その魅力を多くの方に伝えたいとの思いから、私たちは生地の製造・販売のみならず、工場見学や製造現場からの情報発信を行っています。

hatayachiori.shop-pro.jp

hatayachiori

千織オンラインストア

A：半世紀も前のシャトル織機が現役で動いています。

B：低速で丁寧に織ることで糸に負担を掛けずに織る遠州木綿は、表面に凹凸感のある味わい深い織物です。

ラメ 春光 SHUNKO

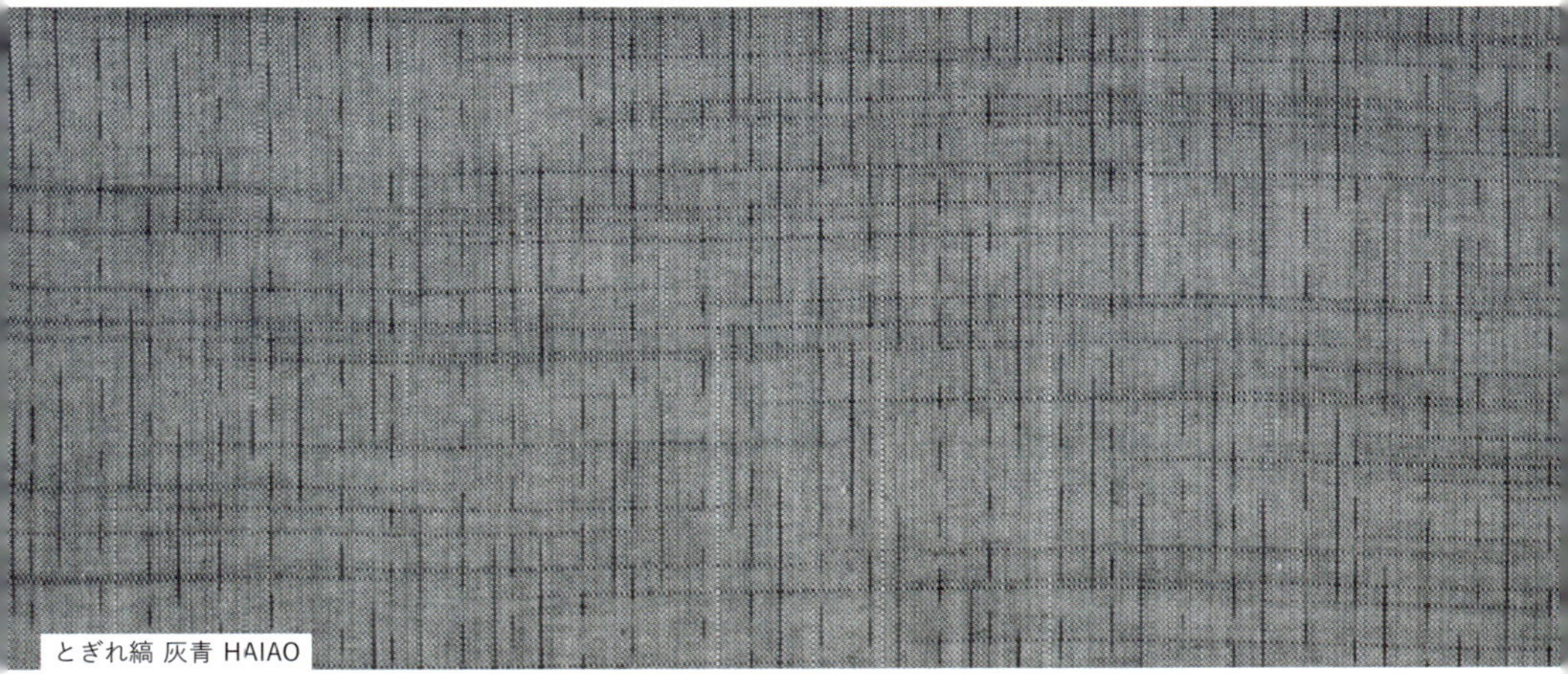

とぎれ縞 灰青 HAIAO

雅三ツ縞 白菊 SHIRAGIKU

遠州縞 花桜 HANAZAKURA

重綿 葡萄 BUDO

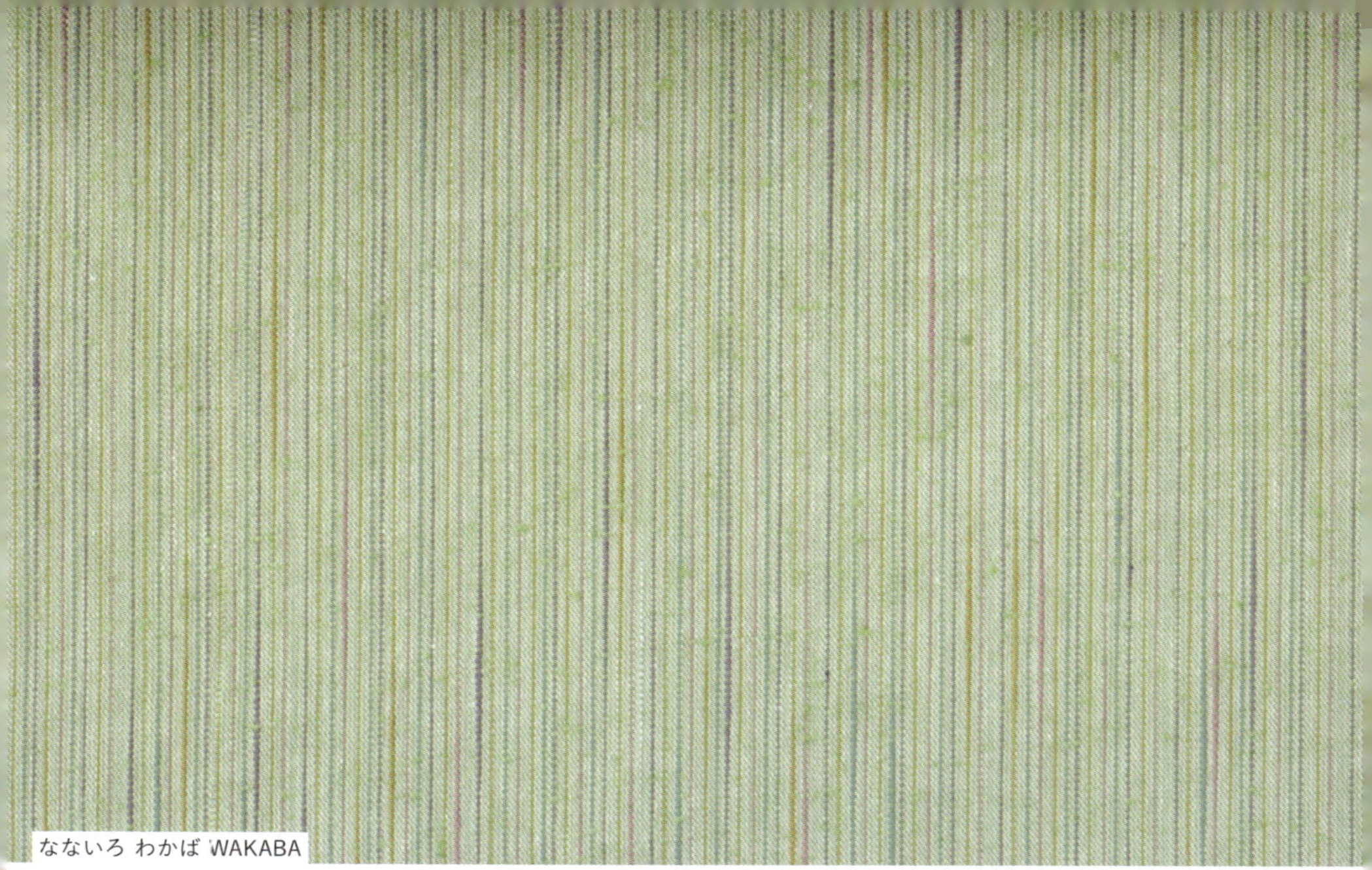

なないろ わかば WAKABA

千織縞 甘柿 AMAGAKI

Flower hug

barbara

chihiro yasuhara

〈チヒロ ヤスハラ〉

素材：コットンローン（コットン100％）

2012年よりフリーランスとして活動。同時に、自作の絵をテキスタイルにして発表。主に、小さな頃から身近だった植物や、身の周りにあるデザインソースを元に描いている。また、より絵を生活に寄り添った存在に感じてもらえるよう、布に落とし込んでいる。近年は独自の作家活動に加え、企業へのイラスト提供、商品コラボレーションも行う。

chihiroyasuhara.com

chihir0y

店 STYLE STORE
Spiral Online Store
手紙舎 2nd STORY
箱根本箱

midnight sun

sunny place

chihiro yasuharaのテキスタイル

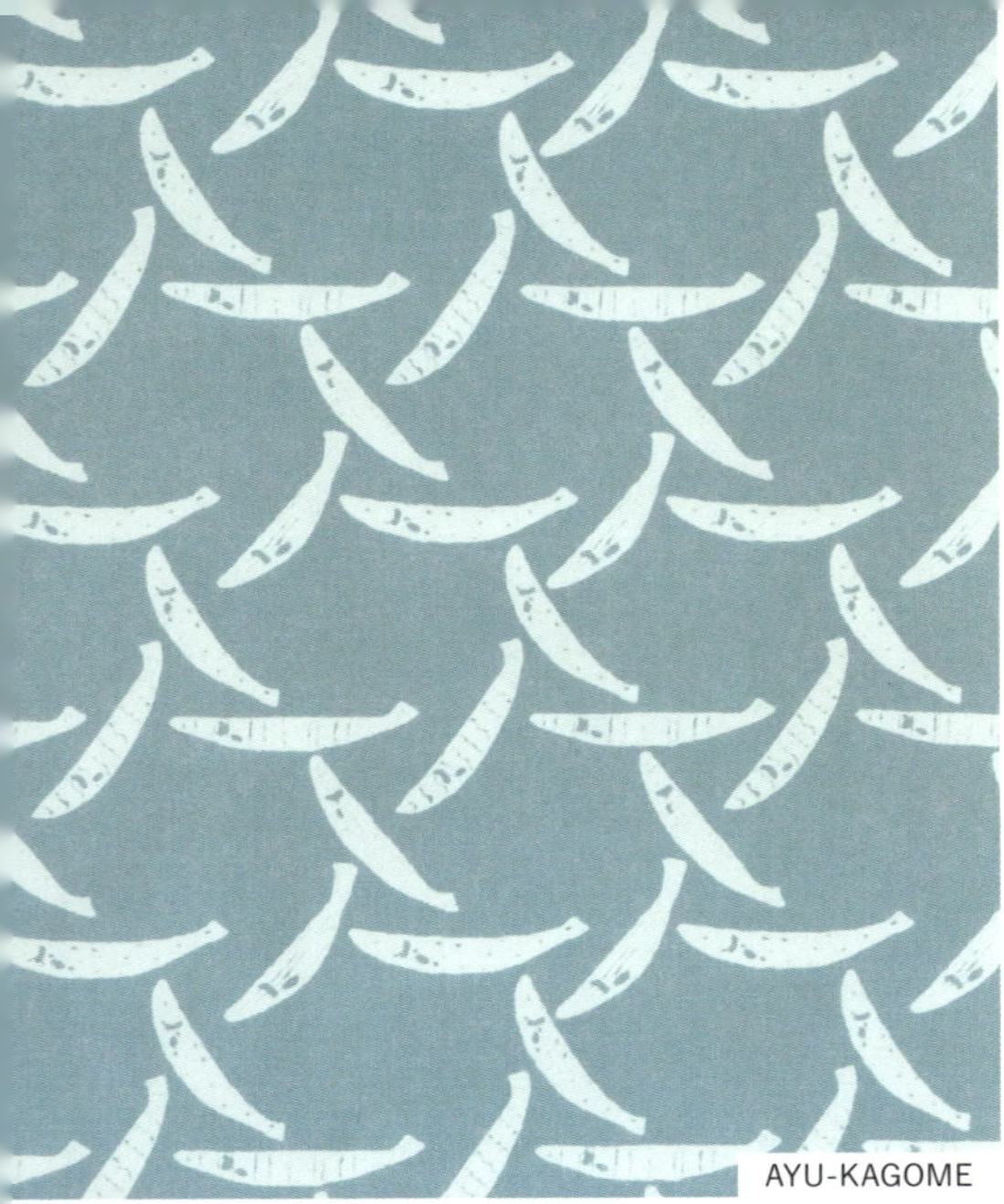

AYU-KAGOME

TORIYAGASURI

Tetra-milieu

〈テトラミリュー〉

素材：コットン、コットンリネン

「"みらい"になじむ模様」をコンセプトに、古いものや、自然を大切にしながら、この先も親しみを持ってもらえるテキスタイルデザインを生み出すことを目指しています。未来を築いていくのは、何の変哲もないように思える"今"。その毎日を大切にしていただけるように、日々になじむ色合いやデザインを考えています。

tetra-milieu.com

tetramilieu

店 Tetra-milieu ONLINE STORE

SARUSUBERI

MOKUFUYOU

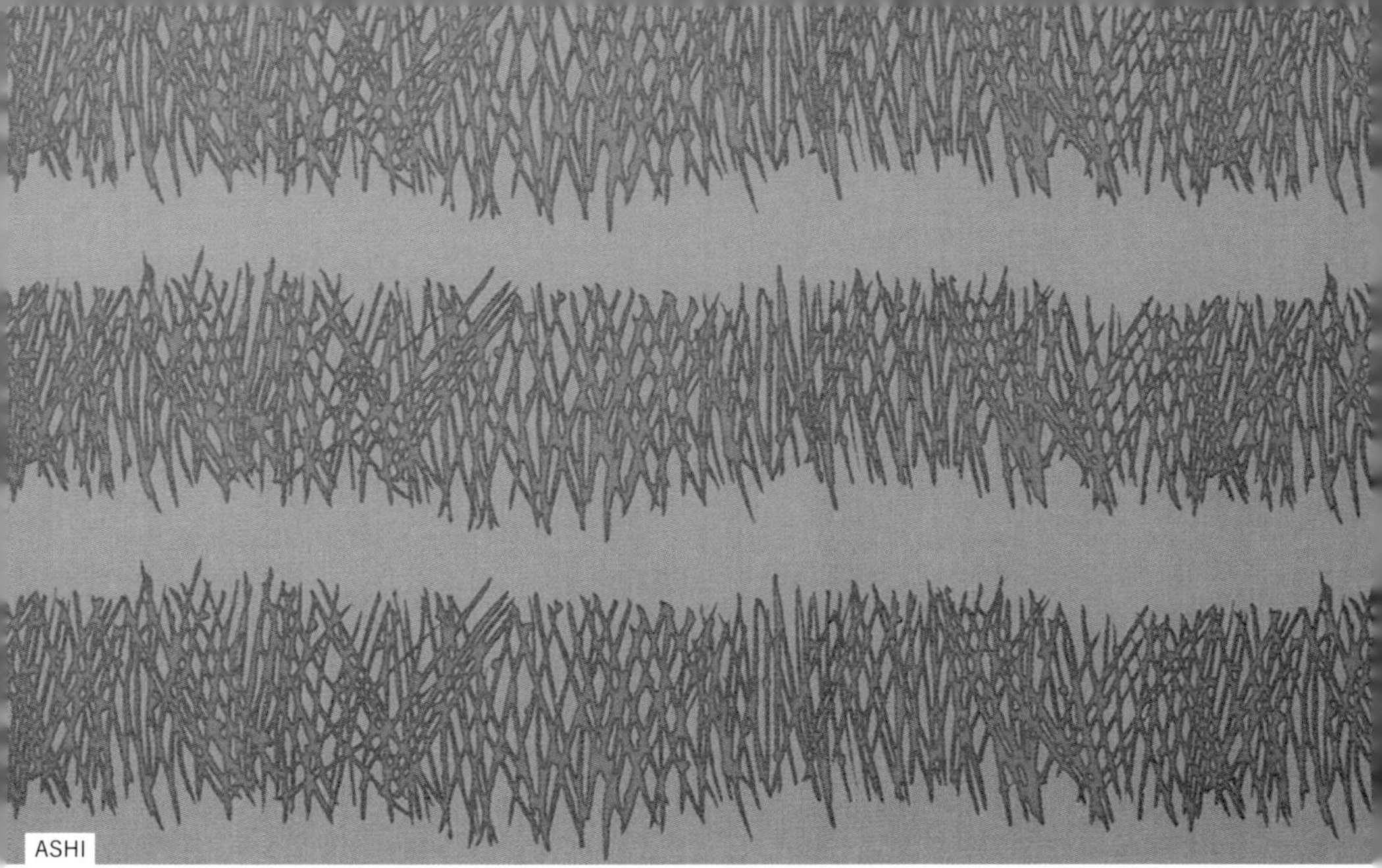

ASHI

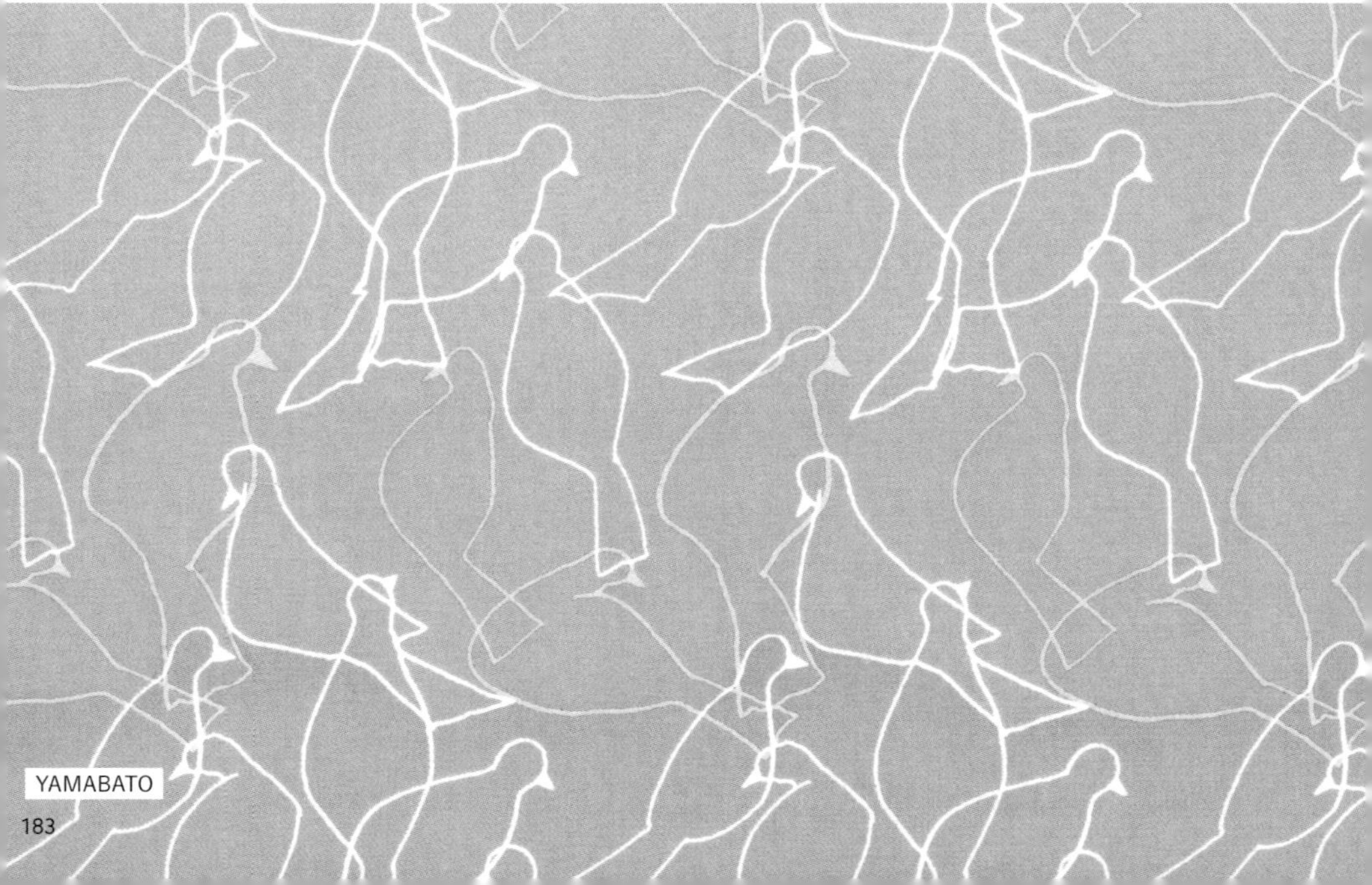

YAMABATO

A

B

十布

〈テンプ〉

素材:コットン100%

「十布」は、イラストレーター福田利之のクリエイティビティで、さまざまな種類のテキスタイル、布プロダクトを製作、発信していくブランドです。布それ自体が持っている特徴や風合い、製品を作り出す職人さんの経験と技術、生産地各地で育まれてきた伝統や思想。十布はひとつひとつの製品を丁寧に作り出していくことを大切にしています。

tenp10.com

tenp_10

店 十布ショールーム aptp

A:野菜畑(水色)/正方形のダブルガーゼのハンカチ(Mサイズ)。

B:春の祝祭/絵の質感を布で表現する「タブローシリーズ」のひとつ。

C:福島の刺子織 ハンカチ/福島の三和織物さんとともに開発した刺子織の布。

D:福島の刺子織 ハンカチ(ネイビー)

E:福島の刺子織 クッションカバー

写真=鍵岡龍門

C

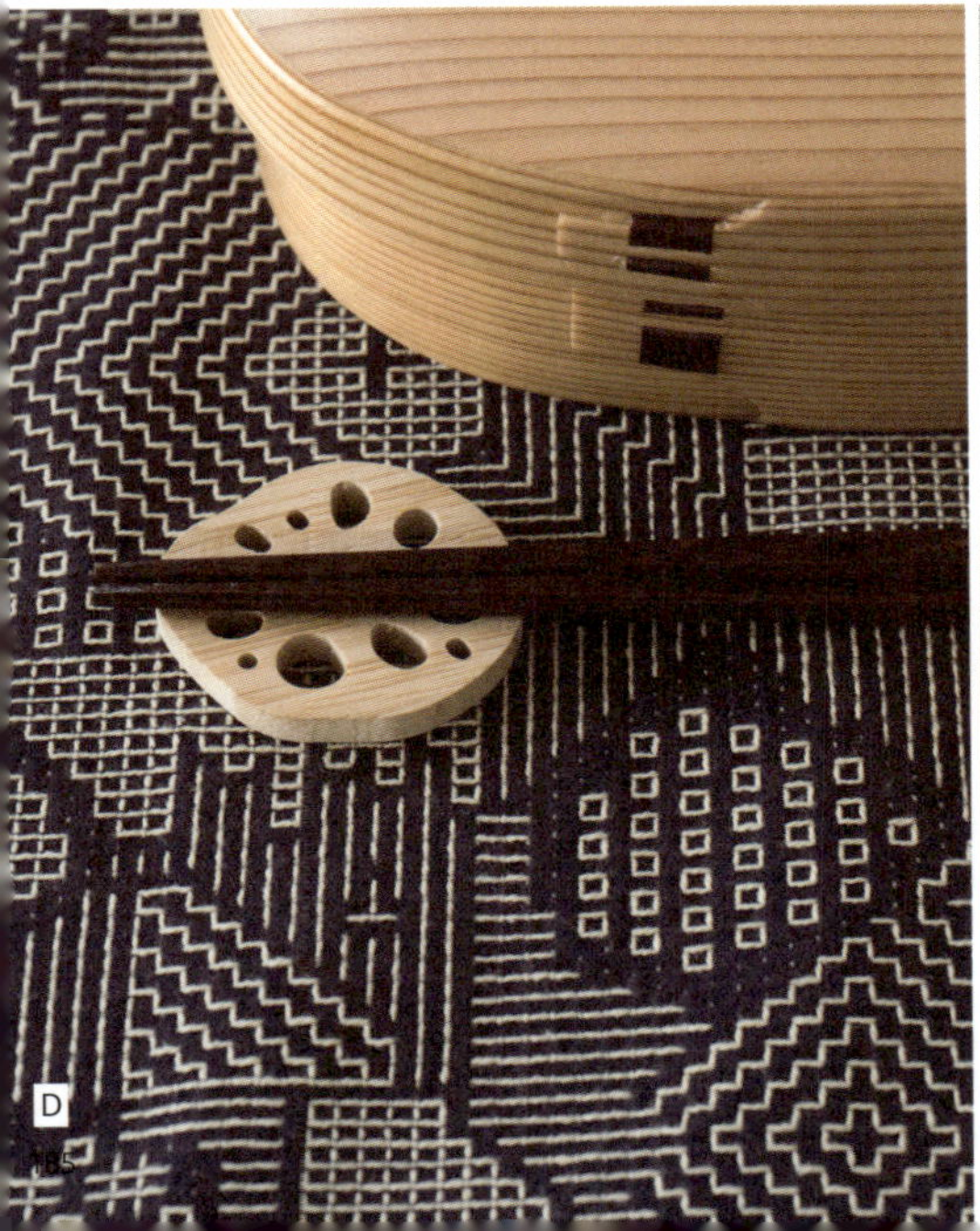

D

E

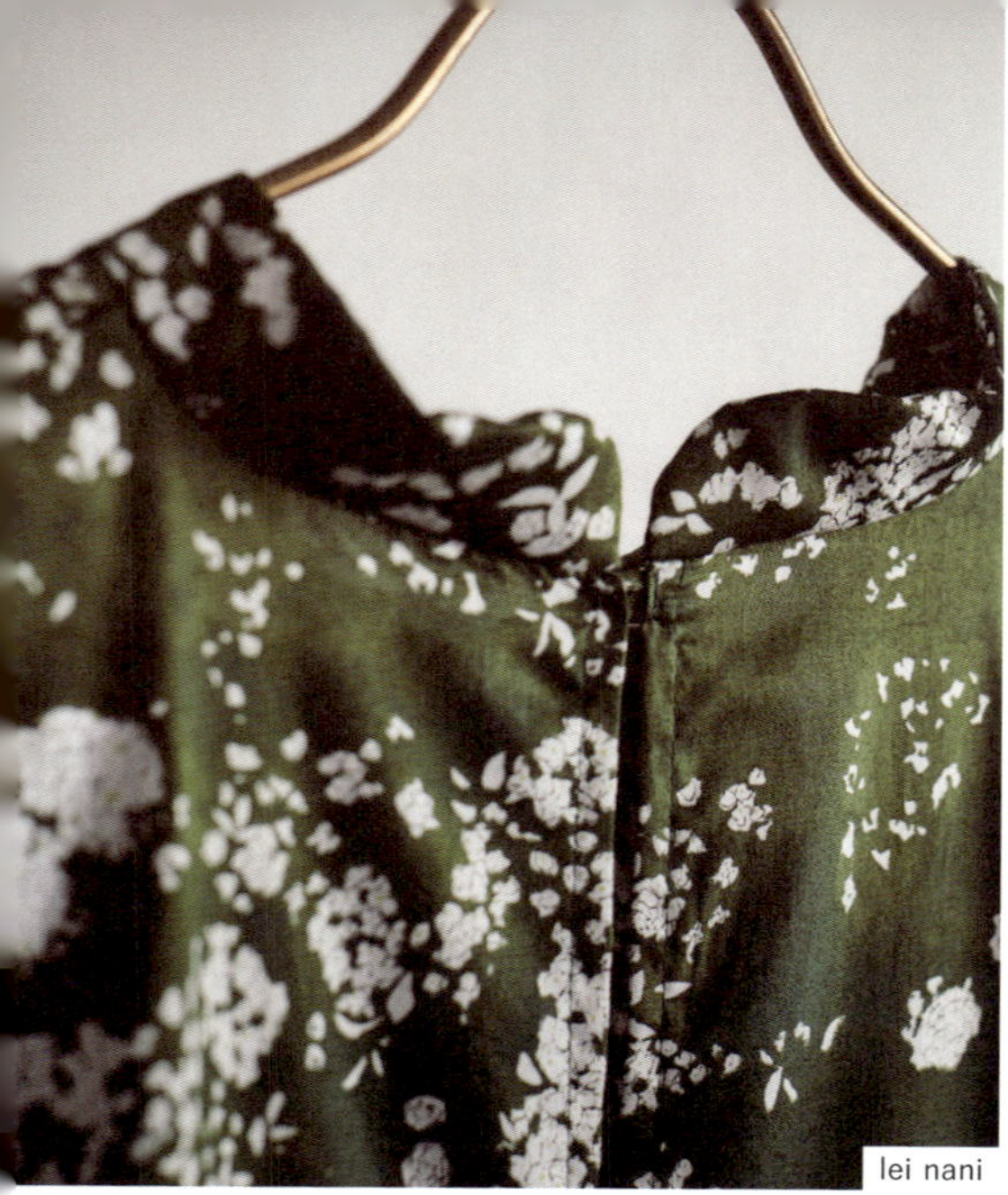

lei nani

Temps

Naomi Ito Textile

〈ナオミ イトウ テキスタイル〉

素材：ガーゼ、リネン、コットンサテン、リネンガーゼ、レクセルなど

水彩画家 伊藤尚美のアートワークから生まれるテキスタイル。2019年から、あらためて作品的な表現に立ち返り、新作のブランド名も新たに一枚絵としての美しさをグラフィカルな構図、自然の面影をとらえた配色で表現している。その存在感は絵画的で、日本だけでなく、海外30ヶ国以上の人々に愛されている。

- naniiro.jp
- atelier_to_nani_iro
- 店 ATELIER to nani IRO
  sesse「KOKKA」阪急うめだ本店

BIRDS EYE

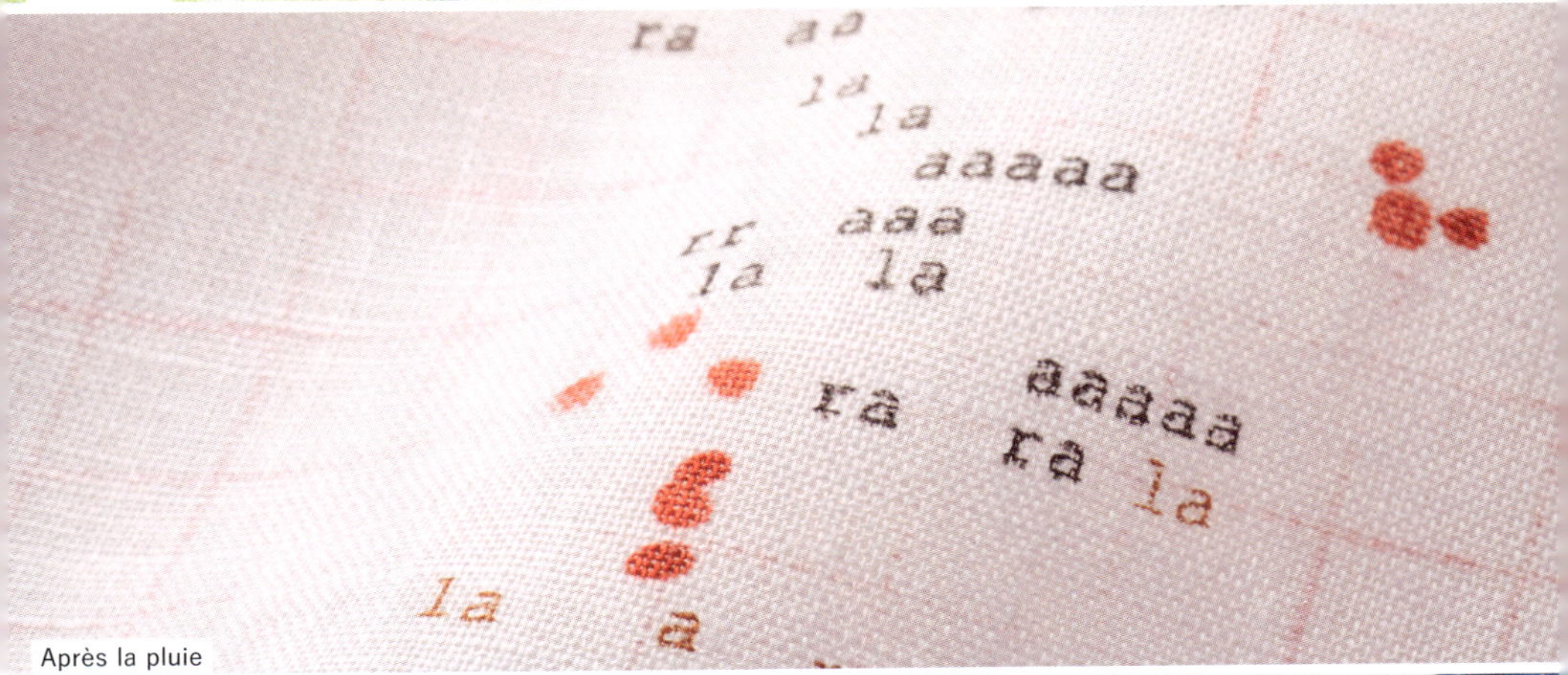

Après la pluie

saison

夜更かし（シアーピンク）

無垢-muku-（グリーン）

にしまた ひろし

〈ニシマタ ヒロシ〉

素材：オックス（コットン100％）

テキスタイルデザイナー。オリジナルファブリックの制作、繊維メーカーやアパレルブランドへのデザイン提供のほか、ウェブサイトやパッケージデザインのイラストレーションなども手がける。リラックスして描いた力の抜けたタッチが特徴。模様の楽しさを伝えることを目標に活動中。

nishimatahiroshi.com

hiroshi_nishimata

店 nunocoto fabric

ひらがな 五十音表（レッド系）

野の花（ホワイト）

パトロール

日なた（イエロー）

凪

knit mini（スモーキーブルー）

ユーカリ（生成り）

nunocoto fabric

〈ヌノコトファブリック〉

素材：オックス（コットン100％）

人気テキスタイルデザイナーやイラストレーターによるデザイナーズファブリックを販売するオンラインショップ。暮らしのなかでの手作りの楽しさをシェアするよみものコンテンツは日々更新！　簡単な布小物の作り方やお裁縫のコツを丁寧に紹介しています。プロのパタンナーによる大人服の製図も無料で公開中。

www.nunocoto-fabric.com

nunocotofabric

nunocoto fabric

leaf（モダン）

ゆらゆらチェック（ピンク×グリーン）

三角ストライプbig

水彩ボーダー（レッド）

ミモザの花束 big（グリーン）

鳥たち

朝つゆ

nocogou

〈ノコゴウ〉

素材：コットン、コットンリネン

日々の暮らしのなかで見つけた「心地よい形」をモチーフに模様を描き、手捺染によって染められた生地から、ハンカチやポーチ、バッグなどの布製品をひとつひとつ縫製し、制作しています。山や木々、鳥や草花など、いつもそばにあった風景を切り取り模様に落とし込み、手作業による温かみのある、愛着をもって使っていただけるような商品作りを目指して活動しています。

nocogou.com

nocogou

nocogou オンラインショップ

かくれんぼ

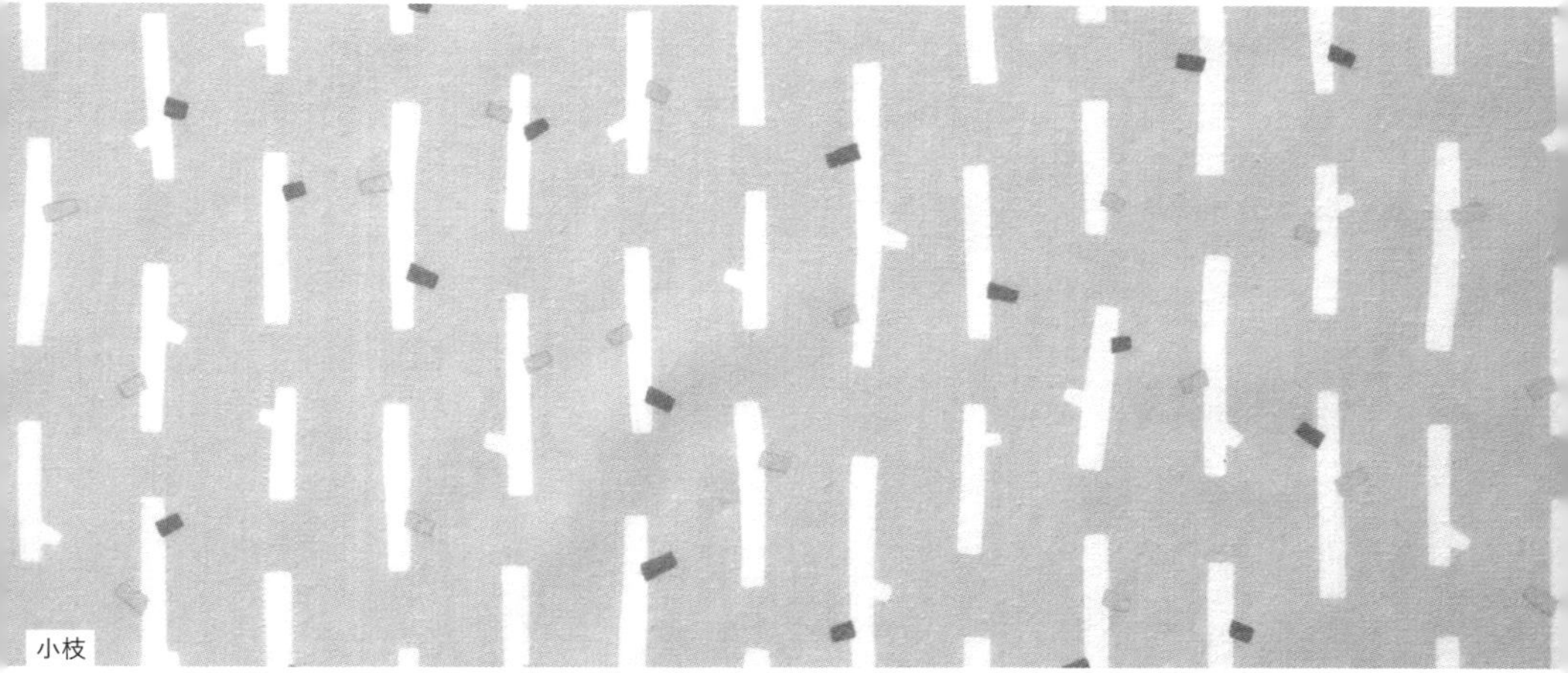

小枝

タンポポ

bloom(ハンカチ)

ryosen(ハンカチ)

H/A/R/V/E/S/T TEXTILE/ DESIGN

〈ハーベスト テキスタイル デザイン〉

素材:コットン

H/A/R/V/E/S/T(ハーベスト)は、「自然からの収穫」をテーマに、デザイナー自身が旅した自然の風景や出来事からインスピレーションを受けて図案を作るテキスタイルブランドです。

www.midorisanada.com

midorisanada

H/A/R/V/E/S/T TEXTILE/ DESIGN オンラインショップ

HUTTE HARVEST（手ぬぐい）

garden（ハンカチ）

Hoshizora no Mori / day（ハンカチ）

A

B

MIHANI

〈みはに〉

素材:コットン、リネン

岸本かや、鹿児島丹緒子の2名で、2010年よりオリジナルデザインの布をシルクスクリーン手捺染や型染めで作っています。生物多様性をキーワードとし、虫や動植物をモチーフにしたパターンをデザイン。
製版、型彫りから染め、仕上げまで一貫して自分たちの手で行なっています。工芸としての布であることを念頭に置き、おおらかで個性的なデザインを心がけています。

mihanitextile.com
mihani_hpfp

A:ハルノアシモト／インテリアクロス。透けるようなやわらかいコットンに染めています。
B:染めた布を重ねて／鮮やかであたたかみのある色合い。
C:手捺染てぬぐい、注染てぬぐい／「柴犬」「とり」「ワオキツネザル」「夏のオオカミ一家」「かば」など様々な動物を染めて。
D:雨の森／染め布作品。
E:夏の空き地／染め布作品。

C

D

E

A

B

MIMURI

〈ミムリ〉

素材:コットン

「オキナワを持ち歩く」をコンセプトにオキナワの強い日差しを浴びたカラフルな風景や動植物など、目で見て、手で触れたものたちが描かれたオリジナルプリントを制作。バッグや小物に形を変えてカラフルな柄が見る人を楽しませている。

www.mimuri.com

mimuri_okinawa

MIMURI ショップ(那覇店)
MIMURI オンラインショップ

A:お家
薄手の生地を使ったマルチクロス。

B:お庭(布小物)
MIMURIの生地を使ったバッグやポーチなど。

フルーツ

野菜

Nord(oyster)

Vanity(black mozaicr)

the linen bird

〈リネンバード〉

素材:リネン(ベルギーリネンの老舗ブランド「LIBECO」など良質なリネン生地を扱っています)

リネン専門店として2003年に東京二子玉川にオープン。ベルギーリネンのブランド「LIBECO」をはじめ、各国のリネンを使ったオーダーカーテンやベッドリネン、キッチンリネンなどソフトファニシングを提案しています。ヴィンテージ家具や雑貨、クラフト作品など、心地いい暮らしをかたちづくるインテリアアイテムもとりそろえています。

tlbhome.com

the_linenbird_home
tlb_home

店 the linen bird home 二子玉川
tha linen bird 北浜
TLB home 六本木

Heritage(oyster/flax/ash)

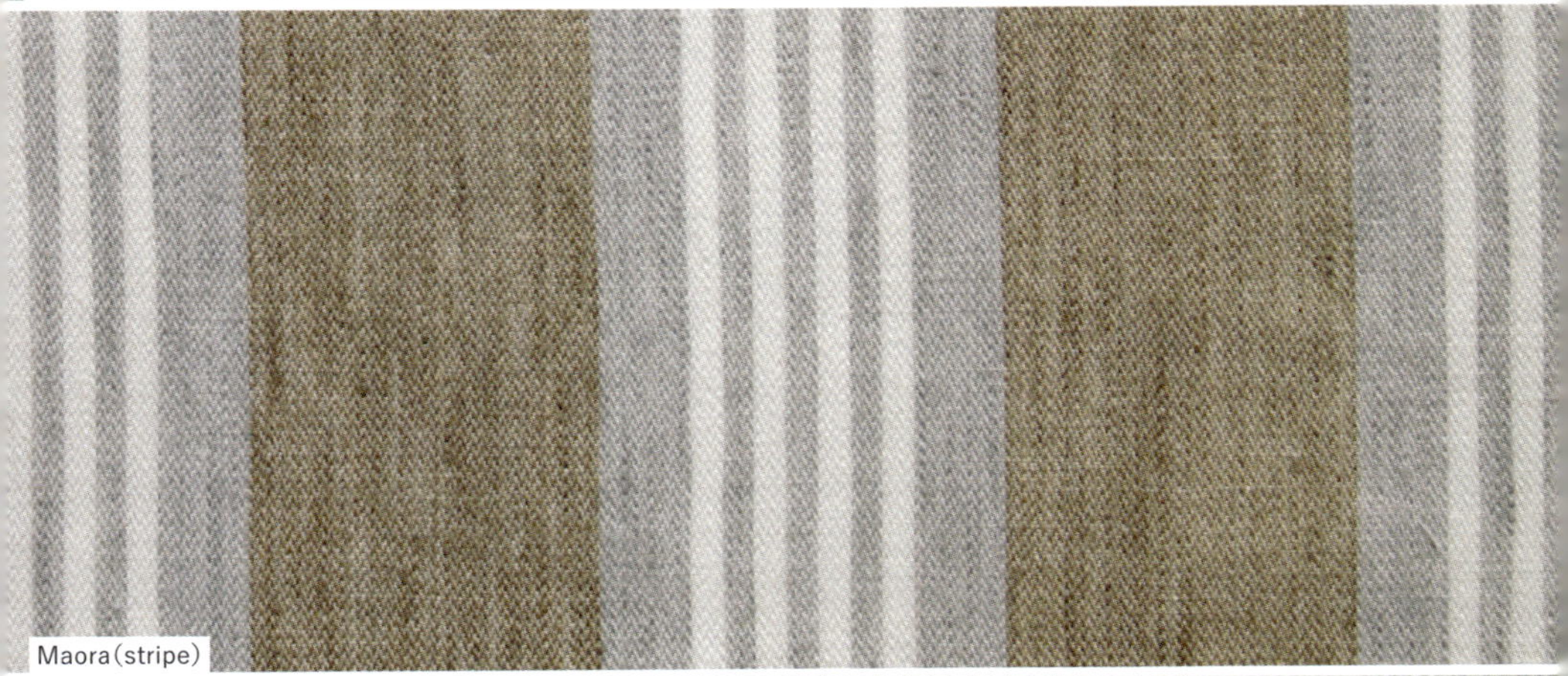

Maora(stripe)

Napoli(swedish blue)

Birdland

Twitter II

Borås Cotton

〈ボロスコットン〉

素材：コットン

北欧スウェーデンで100年以上の歴史のあるブランド。テーマは「Art on fabric」。デザイン性の高いファブリックを提案しています。日本の住宅にもとても相性のよいデザインがたくさん。部屋のアクセントとしてぜひ取り入れてみてください。

www.fikadecor.com

FIKA DECOR

店 FIKA DECOR 静岡
FIKA DECOR 富士
FIKA DÉCOR オンラインショップ

Camilla

Fagringstor

Malaga

Sunnuntai

Lauttasaari

KAUNISTE FINLAND

〈カウニステ フィンランド〉

素材：リネン55%、コットン45%

フィンランドの首都、ヘルシンキで誕生したテキスタイルブランド。北欧の才能豊かなグラフィックデザイナーと、布地制作に豊富な知識を持つクラフトマンが協力して生まれました。2018年10月には東京自由が丘に日本初となる旗艦店をオープン。

www.kauniste.com

kaunistejp
kauniste_finland

店
カウニステ 自由が丘店
ILLUMS（イルムス）横浜店
krone-hus 鎌倉店
SEMPRE IKEBUKURO
Objects by so many years
渋谷ヒカリエ ShinQs 店

Potpourri

Orvokki

Helsinki

BJÖRNBÄRSBLOMMA

CAPRI

KINNAMARK

〈シナマーク〉

素材：コットン100％
リネン55％、コットン45％
（BJÖRNBÄRSBLOMMAのみ）

1887年に創立したスウェーデンのテキスタイルブランド。テキスタイルの産地として有名な西海岸イエテボリの近くに本社があり、プリント生地を中心にコレクションを展開しています。様々なデザイナーと取り組んだデザインは、スカンジナビア文化の影響を大きく受けています。クラシックからトレンドデザインまで幅広く、カラーバリエーションも豊富なデザインをお楽しみください。

www.kinnamark.se
Kinnamark
店 FIQ
cortina
LUNE D'EAU

HARVEST

POP

シャーウッド

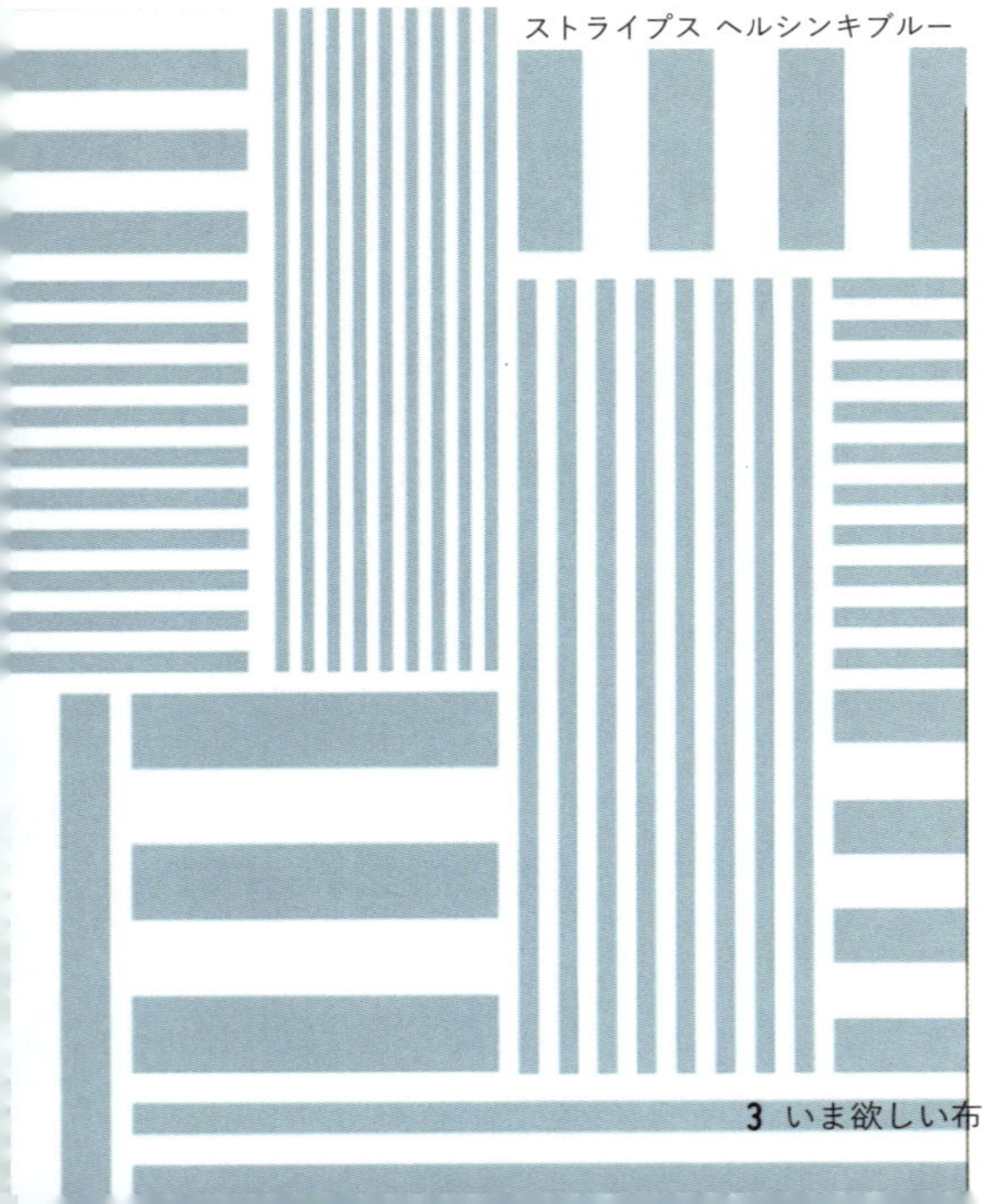

ストライプス ヘルシンキブルー

KLIPPAN

〈クリッパン〉

素材：コットン、リネン

1879年にマグヌッソン家がスウェーデン南部の小さな町で創業。5世代にわたり、一貫して素材の安全性と最高品質にこだわり、世界中で愛されるブランドに。140年を超え継承されてきた技術、選び抜かれた素材とものづくりは、デザイナーたちの信頼を得ており、1992年から20人を越えるデザイナーとのコラボレーションを実現しています。

www.ecomfort.jp

klippan_japan

店 エコンフォートハウス

アルマ ブルー

レクサンド グリーン

フレーケン

WATER LILLIES マスタード

SWAN／ブランケット

Fine Little Day

〈ファインリトルデイ〉

素材：コットン、リネン

スウェーデン第二の都市であるヨーテボリを拠点にスタートしたインテリア・ライフスタイルブランド。アーティストでありフォトグラファーでもあるElisabeth Dunker（エリーサベット・デュンケル）が独自の視点で日常を綴るブログが世界中で人気を集め、『Vogue Living』など様々なメディアで紹介され、たくさんの賞を受賞。

www.triangle-tokyo.com
（日本輸入代理店 トライアングル）

nordictriangle

店 Nordic Design Store CUSHiON
coritina
nest
HAFEN

GRAN ハーフリネン ホワイト×ブラック

BJÖRN／クッションカバー

BARR coated cotton

Poppy Reflections

Lantana Teal

ART GALLERY FABRICS JAPAN

〈アート ギャラリー ファブリックス ジャパン〉

素材：コットン100％

アメリカはフロリダ州マイアミに拠点を置き、2004年に立ち上がった新進系ブランドです。プレミアムコットンを100％使っているため肌触りがやさしく、発色性・デザイン性が豊かなのが特徴。世界中から愛されています。生地にちょっと触れただけでも、その違いを感じることができます。

artgalleryfabrics.co.jp

店 FELI-DA

※ Botanist's Poem・West End Bloomsは2019年5月、Poppy Reflectionsは2019年7月、Junglen Jollyは2019年8月の発売予定です。

Botanist's Poem

West End Blooms

Junglen Jolly

Floral Pops Cherry

PART1
制作協力

H TOKYO
（エイチ トーキョー）

H TOKYOは、メンズ向けにセレクトされたハンカチの専門店。インポートの上質なシャツ生地や、浜松・西脇といった日本の生地、国内外の作家と作ったデザインのハンカチなど、主に横浜でのプリント、縫製によるハンカチがそろっています。

htokyo.com
old_fashioned.press

※品切れのため、掲載しているハンカチをご用意できない場合がございます。ご了承ください。

みつまともこ

ディスプレイデザイナー・インテリアスタイリスト。多摩美術大学デザイン学科卒業。株式会社サザビー（現サザビーリーグ）に入社し、ウィンドーディスプレイ、撮影のスタイリング等を手がける。現在はフリーとして活動。本業のディスプレイのほか、雑誌、書籍、web等で家を飾って快適にするアイデアを紹介することも多い。

www.mitsumatomoko.com
mitsumatomoko

大池那月（おおいけ なつき）

静岡県出身。文化服装学院スタイリスト科を卒業後、5年のアシスタントを経て2015年に独立。主に広告や書籍などで活動中。

m's工房（エムズコウボウ）

m´s工房は、インド、タイ、パキスタン等のアジアのヴィンテージ布と手芸素材の専門店です。インドの民族衣装、パキスタンカンタ、ラリーキルト、タイシルク、バティック、ヘンプなどの、アジアの「布」や可愛い刺繍布、現地で直接買いつけた希少な手仕事を販売しています。

www.ms-koubou.com
monchichi1124
msselect.koubou

風呂敷専門店 むす美
（フロシキセンモンテン ムスビ）

京都のふろしきメーカー 山田繊維株式会社が運営するオフィシャルショップです。実用性、デザイン性に富み、加えて作法まで備えた風呂敷に秘められた日本のよさを、現代のライススタイルに活かしたデザインやスタイルとして提案し、未来に伝えたい大切な文化として発信しています。毎月の風呂敷ワークショップなども開催しています。

www.kyoto-musubi.com
furoshiki_musubi

FIQ（フィーク）

「布の可能性を追求する、素材と加工のアトリエショップ」。「布」とはあくまで素材であり、人の手が加えられることによって初めて「製品」となります。平面から立体へと自在に姿を変えながら私たちの生活を包む「布」の可能性とその素晴らしさを広く知っていただくためにショップをオープンさせました。「布」を嗜み、愉しみ、味わい、操る。カテゴリーにとらわれず、お客様がご自分の感性で、ご自分のためのライフスタイルを見つけることができる商品とサービスをご提供してまいります。

www.fiq-online.com
fiq_online

lino e lina

（リーノ エ リーナ）

歴史あるリネンの生産地として知られるリトアニア。そこで出会った、"いきもの"の温かみが感じられ、触れれば触れるほど愛着が湧く自然素材のリネンを使って、生活のためのウェアや小物を作っています。そこでしか生まれない素材を大切にし、生活に取り入れることで、人々の毎日をちょっと豊かにしていきたい。それがリーノ・エ・リーナの願いです。

www.linoelina.com

lino_e_lina

SANAKAKU QUILT

（サンカク キルト）

グラフィックデザイナー橘川幹子とバッグデザイナー本城能子によるユニット。三角の布をつないで、ポーチやバッグなど普段のファッションやインテリアに取り入れやすいアイテムを作る、パッチワークキルトのユニット。ワークショップを中心に活動しています。日常づかいできるアイテムです。chocolate syrup on shoe（chocoshoe.com）で取り扱い中。

sankakuquilt

大槌復興刺し子プロジェクト

（オオツチフッコウサシコプロジェクト）

東日本大震災により、町や大切な人、家、仕事を奪われ、綻んでしまった大槌という町を「刺し子」を通してもう一度繕い、補強し、みんなが誇れる美しく、たくましい町にしていきたい。2011年6月、大槌町発、一歩を踏み出した女性たちによるプロジェクトです。

sashiko.jp

ootsuchisashikoproject

※　掲載内容は2019年4月現在のものです。